Mais que um livro sobre discipulado, este é o guia que faltava para os líderes implementarem o discipulado como processo claro e estruturado em suas igrejas. Thiago Faria conseguiu transpor o "o quê" para o "como" e, passo a passo, ajuda os líderes a criarem uma estrutura que conduza as pessoas em seu processo de amadurecimento espiritual, independentemente da cultura local ou da denominação. Leitura indispensável para quem já entendeu que este deve ser o foco da igreja: fazer discípulos para Jesus!

Sara Macedo
Diretora do Instituto Resonare

Numa época de múltiplos interesses e oportunidades, corremos o risco de descuidar do que é básico, fundamental. Ainda mais grave quando passamos a considerar o básico como algo ultrapassado, desprovido de desafios. Com enfoque pastoral, profundo e criativo, este livro é um convite oportuno, um alerta, um estímulo a não perder de perspectiva o básico do chamado cristão: fazer discípulos.

Ziel Machado
Vice-Reitor Acadêmico do Seminário Teológico Servo de Cristo e pastor da Igreja Metodista Livre – Saúde (São Paulo/SP)

O discipulado encontra-se no centro da vida cristã e da missão da igreja. É uma jornada fascinante na qual cada cristão é conduzido pela Palavra, pelo Espírito Santo e pela comunidade da fé a tornar-se semelhante a Cristo, e a ajudar outros a fazerem o mesmo. É a vocação primária de todo cristão, mas tragicamente a mais negligenciada. Thiago Faria é um destes discípulos de Cristo que reconhece a necessidade e a urgência de a igreja discipular e ser discipulada.

Neste livro, *A Igreja que faz Discípulos*, Thiago nos ajuda a compreender não só o significado, mas também a maneira como podemos ser e fazer discípulos. Meu desejo é que este livro inspire e encoraje você na extraordinária tarefa de formar homens e mulheres em Cristo.

Ricardo Barbosa

*Autor, pastor da Igreja Presbiteriana do Planalto
e coordenador do Centro Cristão de Estudos em Brasília*

O livro *A Igreja que faz Discípulos* traz uma contribuição muito especial às igrejas no Brasil. Nele você não encontrará lições prontas para novos convertidos ou um modelo pronto de discipulado. Pelo contrário, Thiago Faria, com sua experiência de consultoria a várias igrejas no Brasil e de sua prática pessoal de discipulado, ajudará você através de um passo a passo a construir um modelo próprio que atenda o contexto particular de seu ministério de acordo com o entendimento bíblico do verdadeiro discipulado. Para alcançar esse fim, o autor faz uma revisão dos princípios do discipulado, propõe ferramentas, método e processo para você e sua equipe ministerial construírem o próprio modelo de discipulado de sua congregação.

Hilquias Benício

*Pastor presidente da Assembleia de Deus
Cidade Funcionários – Fortaleza (CE)*

A IGREJA QUE FAZ
DISCÍPULOS

A igreja que faz
DISCÍPULOS

Construa o modelo de discipulado
que você sonha para a sua igreja

Thiago Faria

Editora Vida
Rua Conde de Sarzedas, 246 – Liberdade
CEP 01512-070 – São Paulo, SP
Tel.: 0 xx 11 2618 7000
atendimento@editoravida.com.br
www.editoravida.com.br

©2022, Thiago Faria

Todos os direitos desta obra reservados por Editora Vida.

Proibida a reprodução por quaisquer meios, salvo em breves citações, com indicação da fonte.

Todos os grifos são do autor.

Scripture quotations taken from Bíblia Sagrada, Nova Versão Internacional, NVI ®.
Copyright © 1993, 2000, 2011 Biblica Inc.
Used by permission.
All rights reserved worldwide.
Edição publicada por Editora Vida, salvo indicação em contrário.

Editor responsável: Gisele Romão da Cruz
Editoras-assistentes: Amanda Santos e Aline Lisboa
Preparação de texto: Magno Paganelli
Revisão de provas: Andrea Filatro
Projeto gráfico e diagramação: Claudia Fatel Lino
Capa: Arte Vida

Todas as citações bíblicas e de terceiros foram adaptadas segundo o Acordo Ortográfico da Língua Portuguesa, assinado em 1990, em vigor desde janeiro de 2009.

1. edição: maio 2022

Dados Internacionais de Catalogação na Publicação (CIP)
(Câmara Brasileira do Livro, SP, Brasil)

Faria, Thiago
   A igreja que faz discípulos : construa um modelo de discipulado que você sonha para a sua igreja / Thiago Faria. -- São Paulo : Editora Vida, 2022.

   ISBN 978-65-5584-283-8
   e-ISBN 978-65-5584-280-7

   1. Cristianismo 2. Discipulado 3. Discipulado (Cristianismo) - Ensino Bíblico 4. Teologia cristã I. Título.

22-104612   CDD-268

Índices para catálogo sistemático:
1. Discipulado : Cristianismo 268
Aline Graziele Benitez - Bibliotecária - CRB-1/3129

Para Luca,
meu discípulo mais
importante.

Agradecimentos 11
Prefácio 13
Introdução 15

PARTE I — O QUE É DISCIPULADO?

1. O que é discipulado? 25
2. O que é ser discípulo de Jesus? 59

PARTE II — IMPLANTANDO O DISCIPULADO

Introdução 87
3. A quem discipular? 89
4. Como desenvolver as trilhas de discipulado? 107
5. Quais são as estratégias de cada passo do discipulado? ... 123
6. Quais materiais escolher? 145
7. Começando a implementar 157

PARTE III — FOCANDO A IGREJA NO DISCIPULADO

8. A centralidade do discipulado na igreja 173
9. Definindo um propósito para a igreja 181
10. Alinhando a igreja 191

A IGREJA QUE FAZ *discípulos*

Considerações finais 209

Referências Bibliográficas 211

ANEXO I — Como formar o grupo de trabalho 213

ANEXO II — Passos de discipulado 215

ANEXO III — Trilhas de discipulado 219

AGRADECIMENTOS

A pesar de ter o meu nome na capa do livro, o conteúdo deste material foi forjado ao longo de anos através da experiência de muitas pessoas. A prática da implementação do discipulado foi feita com muitas igrejas, pastores e líderes com quem trabalhei nos últimos anos. A essas pessoas sou muito grato pela confiança em aplicar ideias, caminhos e metodologias para chegar a algumas conclusões que hoje estão maduras, a ponto de podermos publicar um livro. Também sou grato a todas as pessoas que discipulei e com quem caminhei em grupos de discipulado. Elas foram essenciais para que eu experimentasse o que é ser discípulo, discipular outros e ajudar igrejas a construírem um caminho de discipulado em suas comunidades.

Quero agradecer, também, a minha amiga Sara Macedo e ao meu líder e mentor Josué Campanhã, que contribuíram significativamente para a construção do texto e a definição das metodologias na implementação das igrejas. Suas observações, críticas e incentivos fizeram toda a diferença. O querido pastor Hilquias também trouxe considerações e percepções importantes na leitura do texto.

Também sou muito grato aos meus mentores ao longo da vida, pessoas que ajudaram a construir o meu pensamento e entendimento do Evangelho e de Igreja hoje, como Ziel

A IGREJA QUE FAZ *discípulos*

Machado e Ricardo Barbosa, que inclusive leram antecipadamente o texto do livro e fizeram excelentes considerações. Além deles, outros mentores foram importantes na construção da minha trajetória como discípulo e cidadão do Reino, como Valdir Steuernagel, Ed René Kivitz, Analzira Nascimento, os meus discipuladores da juventude Marcus Mendes e Nanci Ribeiro, os meus pais e muitos outros que são presentes de Deus em minha vida.

E não poderia deixar de agradecer à minha esposa Larissa, por ter sido minha maior incentivadora ao longo de todo o caminho e ter me dado todo o suporte que era necessário.

PREFÁCIO

Não basta querer discipular, é preciso um processo. Nas últimas três ou quatro décadas, o tema *discipulado* cresceu e as igrejas começaram a se conscientizar da essência da Grande Comissão. Mais do que isso, começaram a entender que essa é a única coisa que Jesus mandou que fizéssemos e todas as demais dependem dessa.

O discipulado é um pilar por meio do qual os novos discípulos ganham outros para Jesus e os discipulam, exercem influência na sociedade, lutam pela justiça social, estruturam suas famílias, formam espiritualmente a nova geração, usam suas atividades profissionais para cumprir sua missão, e a lista de atividades só aumenta.

No entanto, apesar de as igrejas estarem falando muito sobre discipulado, a maioria delas tem muitas perguntas não respondidas: Como implementar o discipulado na igreja? Discipulado e célula ou pequeno grupo são a mesma coisa? Discipulado é uma classe para batismo? Quanto tempo dura o discipulado? Existe uma única forma de implementar discipulado?

A grande maioria dos livros e materiais que existem sobre discipulado tem se concentrado em explicar o que é ou em apresentar um modelo de implantação que está associado a algum modelo de ministério.

A IGREJA QUE FAZ *discípulos*

Thiago apresenta neste livro um *processo* para implementar o discipulado na igreja, que responde a essas e a muitas outras perguntas. Ter o discipulado como base na igreja não é o problema, a questão é *como* implementá-lo. Esta é uma das principais perguntas respondidas neste livro.

A partir de diversas experiências vividas nos últimos anos, dando consultoria para igrejas e denominações e ajudando igrejas a implementar o processo de discipulado, Thiago sistematizou esse aprendizado prático aqui e compartilha isso com pastores e igrejas.

Certamente, se sua igreja quer cumprir a missão de Jesus e se você quer migrar de um modelo de igreja baseado em atividades para um modelo que gera discípulos, terá aqui muitas respostas práticas para suas angústias.

Este material também é parte do Programa de Capacitação de Líderes da *Envisionar* chamado "A igreja que faz discípulos". Thiago foi peça fundamental na construção do programa que já ajudou centenas de igrejas a saírem do sonho para a prática da implantação de um processo de discipulado.

Espero que este material também ajude você nessa tarefa e que a sua igreja faça muitos discípulos de Jesus e gere transformação no mundo.

JOSUÉ CAMPANHÃ

Líder da Envisionar

INTRODUÇÃO

O pr. Antônio sempre quis desenvolver melhor o discipulado em sua igreja. A sua sensação era de que muitas pessoas em sua igreja tinham parado de crescer na fé e estavam acomodadas; a razão disso era por não terem claro *como* se cresce na fé. Ele já havia lido diversos materiais e visitado algumas igrejas que desenvolviam diferentes modelos de discipulado, mas ainda tinha dúvidas sobre qual seria o melhor jeito e momento de começar algo nessa direção. Ele tinha convicções profundas e falava a respeito disso com sua liderança, mas o pr. Antônio sabia que ainda não tinha conseguido implementar uma mentalidade e cultura de discipulado em sua igreja. Ele também sabia que não se tratava apenas da escolha de um ou mais materiais, mas de construir uma cultura em sua igreja a ponto de as pessoas poderem crescer na fé e levar outras a crescerem continuamente.

Por todo lugar que ando, ouço histórias como a do pr. Antônio. Pastores e líderes falando sobre como acreditam na importância do discipulado e como isso pode ser uma força em sua igreja, mas nada disso se tornou realidade ainda. Quando faço duas ou três perguntas sobre o que a liderança entende por discipulado, ou sobre como acreditam que ele deve existir na prática, normalmente as respostas parecem desaparecer da conversa. Também ouço líderes e pastores

A IGREJA QUE FAZ *discípulos*

um pouco vaidosos dizerem quê tem um discipulado efetivo na igreja, mas, quando questiono sobre dois ou três pontos importantes a respeito de seu modelo ou visão, já vejo dúvidas e expressões que demonstram a grande dúvida do "como assim?".

Desenvolver uma mentalidade e cultura de discipulado não é algo que se faça com uma pregação ou com uma série de mensagens, nem mesmo criando uma classe de estudos bíblicos, nem estimulando todos a lerem um livro muito bom sobre o assunto. Isso se faz por meio de um processo estruturado que parte da compreensão profunda do discipulado por parte da liderança, que não apenas *sabe*, mas *vivencia* um processo experiencial de crescimento na fé. A partir dessa vivência, é possível imaginar meios para o crescimento de outros e que envolvam um caminho sugerido de transformação de vida.

Quando eu era adolescente, tentei iniciar por conta própria um processo de discipulado com um grupo de amigos na igreja. Senti a necessidade de crescermos juntos na fé e decidi trabalhar com eles o conteúdo do livro *Segue-me 1*,[1] de Ralph Neighbour. Foi uma experiência marcante, mas, como a cultura de discipulado ainda não estava presente, depois de trabalhar esse material com aquelas pessoas, não sabíamos como continuar o processo e paramos. Depois de um tempo, fui convidado a ser discípulo de uma pessoa que me explicou exatamente o que era ser discípulo de Jesus, como discipular outros e como continuar a crescer na fé. A diferença estava entre fazer algo pontual e fazer algo dentro de um processo estruturado.

No meu trabalho no ministério da *Envisionar*, tentamos ajudar igrejas a implementarem uma cultura e uma

---

[1] NEIGHBOUR JR., Ralph W. **Segue-me 1.** São Paulo: Editora Lifeway Brasil, 2001.

INTRODUÇÃO

mentalidade de discipulado. Normalmente apontamos caminhos possíveis para que as igrejas implementem seu próprio processo de discipulado a partir do seu DNA e do que Deus as está chamando para aquele tempo e contexto. Também indicamos livros que possam servir de referência para a implementação dessa cultura.

Entretanto, com o tempo, comecei a perceber que, apesar de indicarmos caminhos e livros bons, muitos pastores e líderes tinham dificuldade de colocar em prática as conclusões a que tinham chegado e de traduzir certos ensinamentos para a sua igreja. Além disso, cada livro descreve uma parte do processo de implementação do discipulado da igreja, mas sempre deixa alguns assuntos de fora. Um livro muito bom, por exemplo, que elucida o que é ser discípulo de Jesus, chama-se *A formação de um discípulo*,[2] de Keith Phillips. Entretanto, ele não fala sobre como implementar isso na igreja.

Outro livro muito bom, que aborda a perspectiva de o discipulado ser o foco da igreja, chama *Igreja simples*[3] e trata da importância de implementar um processo de discipulado na igreja, mas, por outro lado, não fala o que exatamente é ser discipulado nem como construir esse processo. Outros bons livros, como esses, tratam do assunto do discipulado, mas cada um tem o seu enfoque e delimitação próprios. Assim, muitas vezes a liderança da igreja tem dificuldade de articular a conexão e o entrelaçamento entre todos os conceitos e práticas apresentados.

Por conta dessa dificuldade, ocorreu-me a ideia de escrever este livro para ajudar pastores e líderes a traduzirem o que

[2] **PHILIPS, Keith W. A formação de um discípulo. 2. ed. São Paulo: Editora Vida, 2008.**

[3] RAINER, Thom S.; GEIGER, Eric. **Igreja simples:** retornando ao processo de Deus para fazer discípulos. Brasília: Editora Palavra, 2011.

A IGREJA QUE FAZ *discípulos*

já sabem, ou pretendem fazer, em um plano prático de implementação do discipulado em suas igrejas. Em todo o livro, farei referência a essas diversas publicações das quais a maioria das ideias expostas aqui nasceu. O que fiz, basicamente, foi articular o conteúdo que já existe, colocando-o num plano simples e prático para ser implementado por qualquer igreja.

O objetivo do presente livro não é apresentar um único método de discipulado ou um único jeito de se fazer isso. Trata-se mais de um método para se criar um método. Este livro também não foi escrito para apresentar alguma nova teologia, nem para propor uma nova compreensão sobre discipulado, tampouco para recomendar um modelo ou ideia revolucionários. Se você estiver buscando isso, sinto muito, mas este livro não irá dar respostas prontas. Na verdade, o meu propósito é descobrir os princípios antigos e buscar caminhos de como vivenciar essas verdades em nosso tempo.

Além disso, quero propor um caminho de construção dessa cultura e desse processo de discipulado que você e sua equipe possam trilhar, a fim de que seja algo adequado ao seu contexto e realidade locais. Enxergo esse material como uma organização de conteúdos e passos possíveis, mas não para tentar convencê-lo de alguma teoria ou modelo miraculosos. Proponho um caminho para que você desenvolva um jeito de praticar o discipulado na sua igreja.

Toda a construção do livro foi feita visando orientar o leitor a conversar com sua equipe sobre as melhores alternativas que fazem sentido para o seu grupo e igreja. Assim, esta é uma introdução ao processo de construção de um modelo de discipulado para sua igreja. E para fazer isso, assim como se faz na implementação de qualquer visão, de forma geral, o processo começa com alguém sendo convocado a uma visão,

INTRODUÇÃO

até que essa pessoa "envisione" a outros, que por sua vez levarão a visão a um grupo maior de pessoas. Neste livro, proporei a você seguir exatamente estas grandes etapas:

1. Você ser despertado a respeito de uma visão sobre discipulado
2. Você construir uma visão de discipulado com uma equipe
3. Você e sua equipe terem a vivência de um processo de discipulado
4. Vocês desenvolverem o processo de discipulado da sua igreja
5. Vocês comunicarem à comunidade e iniciarem a implementação

A DINÂMICA DA VISÃO

1	2	3	4	5
Você ser **despertado** a respeito de uma visão de discipulado	Você **construir** uma visão de discipulado com a equipe	Você e sua equipe **vivenciarem** um processo de discipulado	Vocês **desenvolverem** o processo de discipulado na igreja	Vocês **comunicarem** à comunidade e iniciarem a implementação

Neste livro, sugiro como você e sua equipe podem passar por essas etapas. Cada uma delas é importante para que essa visão seja implementada.

COMO USAR ESTE MATERIAL

O primeiro passo prático para a aplicação desse material é reunir um grupo de pessoas-chave em sua igreja, que

A IGREJA QUE FAZ *discípulos*

será responsável por estudar esse material e desenvolve em conjunto os passos que são sugeridos. Não caia na tentação de tentar fazer isso sozinho, pois o mais importante é que o grupo construa coletivamente o entendimento e chegue a conclusões que façam sentido para todos. Não é recomendável que somente a perspectiva de um líder predomine, especialmente se esse líder for o pastor principal da igreja.

Chamarei esse grupo de "grupo de trabalho", mas você pode dar o nome que quiser. O importante é ter um grupo de 5 a 8 pessoas, dispostas a mergulhar nessa reflexão e, posteriormente, fazer a aplicação das definições que construíram juntos. No Anexo I, dou dicas de como formar esse grupo. É importante que o grupo desenvolva as definições em conjunto para gerar aprendizado, maturidade e autonomia. Isso será fundamental para a fase de implementação e acompanhamento. Pessoas que constroem juntas entendem a razão de como tudo foi criado e têm mais capacidade para engajar outros e fazer os ajustes ao longo do processo.

Outra dica importante é que, ao longo do livro, eu cito alternativas encontradas por outras igrejas. Não caia na tentação de copiar o que já foi feito. O objetivo ao citar outros exemplos é ajudar você a entender de uma maneira realista o que se propõe, mostrando que é possível. Mas, como repetirei ao longo do livro, é bom entender o que outras igrejas têm feito, porém o mais importante é refletirem juntos, debaixo de muita oração e diálogo, sobre o que Deus quer nesse tempo para a sua igreja e o seu contexto.

Sendo assim, o livro foi dividido em três partes: *O que é discipulado?*, *Implantando o discipulado* e *Focando a igreja no discipulado*. Na primeira parte, veremos os fundamentos do discipulado, olhando principalmente para Jesus à procura da

INTRODUÇÃO

maneira como ele praticava o discipulado. Em seguida, vamos pensar sobre o que é ser discípulo de Jesus e quais são os pontos mais importantes e as características de ser um seguidor dele. A primeira parte do livro apresenta maior densidade de conteúdo, por tentar desenvolver definições que servirão como fundamento para todo o restante da obra. As partes II e III serão mais práticas, levando você e seu grupo de trabalho a definirem como será o discipulado em sua igreja.

Na segunda parte, portanto, vamos trabalhar a criação do processo de discipulado da igreja, definindo quem são os seus grupos-chave a serem trabalhados, quais são os passos de fé que queremos estimular as pessoas a darem, quais estratégias usaremos (como discipulado individual ou em grupo) e como escolher os melhores materiais.

Por fim, na terceira parte, daremos um passo adiante, visando colocar o discipulado como algo central na igreja, levando o que foi definido a toda a comunidade e fazendo os ajustes essenciais na maneira de ser igreja.

No decorrer de todo o livro, ao final de cada capítulo, continuarei contando a história do pr. Antônio e sua igreja. O objetivo é dar um vislumbre de como funciona esse processo em uma comunidade, lidando com as dúvidas e dificuldades inerentes do caminho de implementação deste conteúdo. Também darei uma sugestão de tarefas para o grupo de trabalho que são importantíssimas para que aquilo que foi refletido não seja esquecido, mas seja imediatamente trabalhado, gerando uma decisão prática a ser implementada pelo seu grupo de trabalho.

Parte I

O que é discipulado?

Capítulo 1
O QUE É DISCIPULADO?

Discipulado é uma daquelas coisas essenciais negligenciadas em nossa história cristã recente. Talvez seja *a* questão essencial mais esquecida. Alguns autores dizem que abandonamos a vivência do discipulado há dezenas de anos. Outros arriscam cravar 100 ou 150 anos de esquecimento. Há estudos apontando que, em algum momento da história cristã, começamos a nos importar mais com a estrutura da igreja, programações, comunhão, cuidado da membresia e até com evangelização, mas deixamos de ensinar e vivenciar o processo de discipulado cristão.

"Começando do começo", discipulado não é uma palavra presente no Novo Testamento (NT). Entretanto, a palavra procura expressar simplesmente o processo de se tornar ou de ser discípulo. Simples assim. Nos tempos mais recentes, essa palavra perdeu aos poucos o seu sentido mais profundo e teve seu significado raleado ou simplificado, a ponto de se tornar algo diferente do que deveria ser, de acordo com a perspectiva do NT. Na maioria dos contextos, o discipulado foi reduzido a um curso de curta duração, ministrado logo após a pessoa se converter à fé em Cristo, e que trata dos princípios sobre o que é ser cristão. Em muitos ambientes,

A IGREJA QUE FAZ *discípulos*

entende-se que o discipulado é o bê-á-bá da fé cristã que os novos convertidos precisam entender.

Para entender o que é discipulado, quero propor uma referência principal. Em seguida, o que for adicionado estará baseado nessa referência. Qual é a nossa referência? O processo de discipulado de Jesus e seus discípulos.

JESUS, NOSSA REFERÊNCIA

Jesus é a nossa principal referência em discipulado. Nunca se esqueça disso. Apesar de podermos usar ideias, modelos e estratégias elaboradas em nosso tempo, nunca devemos deixar de vivenciar o que Jesus fez, pois ele é o norte, o referencial máximo e o que perseguiremos para o resto de nossa vida. Se o discipulado de Jesus não for a base sobre a qual construímos nossos modelos, estratégias e conceitos, correremos o risco de construir nossa casa sobre a areia. Pode parecer óbvio, mas o discipulado de Jesus muitas vezes não é, efetivamente, a base referencial do discipulado em muitas igrejas. Eu poderia gastar muitas páginas fazendo críticas a modelos ou fundamentos em diversos movimentos cristãos. Entretanto, prefiro a tentativa de explicar o que Jesus fez e, partir disso, como podemos ser propositivos em criar um caminho para o seu contexto e momento.

Então vamos lá! O que Jesus fez? Basicamente, ele convocou doze homens para andarem com ele, para aprenderem na prática o que era ser seu seguidor. Aqueles homens aprenderam com Jesus não somente ao ouvir seus discursos e parábolas, mas ao verem como ele interagia com eles mesmos e com as demais pessoas, levando-as a transformação por sua relação com elas. Seus discípulos viram como é um Homem Perfeito, como ele agia, o que ele dizia, como ele tratava as pessoas, como ele se relacionava com as autoridades, como ele se relacionava com seu Deus e Pai. Jesus comia com eles, dormia com eles e conversavam por todos os caminhos por onde andavam. Eles estavam juntos ao passarem por estradas, montanhas, lagos, desertos, cidades isoladas e populosas; oraram, navegaram e pescaram juntos.

A mensagem que Jesus carregava, o Reino de Deus, era personificada nele mesmo. O que os discípulos o ouviam ensinar, eles viam na sua prática como e o que um cidadão do Reino é, como pensa e como age. Quando Jesus falava sobre como é esse Reino e como nos tornamos parte dele, os discípulos viam que tudo ecoava a sua vida real e concreta. Ele era uma parábola viva e real.

Apesar das muitas práticas em comum com o discipulado de mestres judaicos, o formato adotado por Jesus, de caminhar com seus discípulos, guarda elementos que o diferenciam de outros mestres, seja um mestre judaico ou grego. Os discípulos de Jesus não aprenderam apenas um conjunto de interpretações da Lei (o "jugo da Lei"), como discípulos de outros *rabi* faziam, visando a aplicação e o ensinamento a outros. Jesus transformou completamente a maneira como eles enxergavam o mundo e isso mudou quem eles eram.

O que Jesus fez e como fez é extremamente relevante para o nosso atual momento. De forma simples, portanto, ainda que não simplista, discipulado é processo de seguimento a Jesus na vida. E ele, como nosso mestre, é o referencial. Mas como era o discipulado de Jesus na prática? Vamos explorar isso em mais detalhes.

A IGREJA QUE FAZ *discípulos*

FUNDAMENTOS DO DISCIPULADO DE JESUS

A partir da vida de Jesus, percebemos pontos importantes de como era o seu discipulado. Eu gostaria de destacar 9 pontos que considero essenciais nessa observação. Nove não é um número mágico; trata-se apenas de uma lista com algumas questões que considero importantes e que podem ser observadas no jeito de Jesus fazer discípulos.

1) Relacional: Jesus teve um relacionamento profundo com seus discípulos. Ele levou alguém a se tornar seu discípulo, não por transmitir conteúdos meramente ou por ministrar cursos, mas se relacionando e dividindo a própria vida com aquelas pessoas. O discipulado de Jesus envolvia, necessariamente, relacionar-se com seus discípulos. O ensino público poderia incluir outros ouvintes, mas o discipulado efetivo ou completo implicava ter um relacionamento real com eles. No discipulado de Jesus, discipulado é relacional.

2) Intencional: O relacionamento que Jesus teve com seus discípulos era intencional. Pode parecer óbvio, mas seu relacionamento com os discípulos tinha um objetivo bem claro: transformá-los em pescadores de homens, homens parecidos com ele, filhos de Deus. Não era um relacionamento sem um propósito específico. Ele era intencional em tudo o que fazia. No discipulado de Jesus, o discipulado é um relacionamento intencional.

3) Processual: Jesus não levou aqueles homens a se tornarem seus discípulos do dia para a noite. Isso levou algum tempo e foi feito ao longo de um processo muito claro para ele. A transformação da vida dos discípulos não aconteceu em um único momento, um único sermão ou numa convocação. O crescimento espiritual nunca é instantâneo. Os discípulos foram transformados dia após dia. O discipulado de Jesus parece funcionar uma caminhada progressiva em que certas coisas passam a fazer sentido. No modelo de Jesus, o discipulado é um processo.

4) Orgânico: o processo de discipulado de Jesus não era totalmente estruturado. Ele era orgânico. Orgânico não significa que era sem objetivos claros nem totalmente sem estrutura. Quer dizer que não era engessado a ponto de dispor o processo numa sequência de informações, aprendizados e tarefas. Talvez pudéssemos dizer que Jesus tinha um processo semiestruturado, pois ele se adaptava às características e oportunidades que surgiam ao longo do caminho. Por exemplo, quando Jesus quis ensinar seus discípulos sobre a incredulidade e, no meio do caminho, ele se deparou com uma figueira não-produtiva, aproveitou aquela situação e aplicou o seu ensino. Jesus aproveitava as circunstâncias ao seu redor e na vida das pessoas para discipulá-las, mas ele sabia "o que" queria ensinar e adaptava o "como" e o "quando". No discipulado de Jesus, o processo é orgânico.

5) Individual: Jesus teve uma aproximação individual com cada discípulo. A abordagem de Jesus não visava somente o grande grupo. Ele conhecia cada pessoa com suas peculiaridades e teve diferentes momentos de

A IGREJA QUE FAZ *discípulos*

conversas particulares ou confrontações individuais (os casos de Pedro, Judas, João e outros). O discipulado de Jesus foi pessoal e personalizado. O processo de salvação sempre terá um elemento de experiência individual. Jesus lida com cada um de nós, respeitando nossa individualidade, a fim de levar cada pessoa a se aproximar dele e começar a se parecer com ele. No discipulado de Jesus, a abordagem é individual.

6) Em grupo: Jesus teve uma dinâmica de relacionamentos com seus discípulos que, além de incluir o relacionamento individual, apresentava uma dinâmica de relacionamentos em grupo, seja em duplas (Lucas 10), em trios (Pedro, Tiago e João) ou em grupo (os doze). O relacionamento com outros discípulos foi importante na estratégia de Jesus, pois aprendemos a crescer na relação com os outros. Como dissemos, apesar de o processo de salvação ter um elemento individual, ele também traz um elemento coletivo. Na lógica do Reino de Jesus, crescimento espiritual também acontece na experiência de grupo. No discipulado de Jesus, o discipulado é coletivo.

7) Contínuo: Jesus não convidou os seus doze seguidores a iniciarem uma caminhada de discipulado e a concluí-la em uma grande formatura três anos depois. Aquilo era só o início de uma longa caminhada para se tornarem como ele é. Jesus garantiu que estaria com eles todos os dias e que enviaria um Consolador para ajudá-los na tarefa de crescimento da fé. O discipulado de Jesus só termina quando morremos. O crescimento espiritual se dá no presente. Não bastam o aprendizado e as experiências do passado. Trata-se de uma constante transformação da nossa mentalidade, do nosso entendimento e da nossa alma. Conhecer a Cristo é uma interação de relacionamento contínuo que pouco a pouco transforma a pessoa num pequeno Cristo — esse é o significado da palavra *cristão*. No discipulado de Jesus, a caminhada é contínua.

8) Vivencial: Jesus colocou os discípulos para experimentarem, pessoalmente, o que é ser discípulo na prática. Só se é discípulo *sendo*. Conhecer sobre Jesus e sobre seu Reino não é o mesmo que ser discípulo. Ter informações sobre Jesus não nos torna discípulos. O que torna a pessoa um discípulo é a obediência a Jesus. Além disso, Jesus deixou claro que ser discípulo tem a ver com fazer outros discípulos. Jesus os preparou para serem autônomos no processo de crescimento da fé, pois ele os levou a viver a prática da fé, acompanhando-os e corrigindo-os ao longo da jornada. No discipulado de Jesus, só é discípulo quem pratica.

9) Amor: Jesus tinha o objetivo de transformar aqueles homens, mas a base para isso era, de fato, o amor que Jesus tinha por eles. Jesus não se relacionou com os seus discípulos numa base de capacitação técnica. Ele os amou profundamente. Não é possível haver discipulado sem amor. Mesmo que o amor seja uma decisão/ação e que possa aumentar, o início do discipulado está baseado no amor, assim como o trajeto de relacionamento está baseado no amor pelos seus discípulos. No discipulado de Jesus, o amor é a base de tudo.

A IGREJA QUE FAZ *discípulos*

Conhecer e sistematizar um pouco mais o modo como Jesus praticava o discipulado é importante para alinhar a compreensão do grupo em sua igreja sobre como é o discipulado de Jesus; então, a partir disso, poder estabelecer as premissas de como será o discipulado para a sua igreja. Ler os Evangelhos com esse olhar pode trazer boas surpresas sobre como funcionava o relacionamento de Jesus com os doze e como Jesus desenvolveu a fé daqueles homens através do discipulado intencional. Eu posso ler os Evangelhos com um olhar normativo, procurando entender o que eu *tenho* que fazer para me tornar um discípulo de Jesus. Mas ler os Evangelhos com um olhar a partir do relacionamento de Jesus com os Doze muda tudo.

Coleman conseguiu sintetizar o trabalho de Jesus de forma simples e profunda:

> Depois de convocar os discípulos, Jesus assumiu o hábito de permanecer entre eles. Esta era a essência de seu programa de treinamento: permitir a seus discípulos que o seguissem. Quando paramos para pensar sobre isso, percebemos que se tratava de uma maneira bem simples de agir. Jesus não oferecia uma educação formal, não fundou um seminário, não definiu um currículo escolar nem abriu matrículas para seus seguidores. [...] É mesmo impressionante: tudo que Jesus fazia para ensinar o Caminho àquelas pessoas era trazê-las para perto de si. Ele era sua própria escola e seu próprio currículo.[4]

[4] COLEMAN, Robert E. **O plano mestre de evangelismo**. 2. ed. São Paulo: Mundo Cristão, 2006. p. 33.

O QUE É DISCIPULADO?

Enquanto estamos em um processo intencional de seguimento a Cristo, que dura toda a vida, também é nossa missão levar outras pessoas a se tornarem seguidores de Cristo. Afinal de contas, nós somos a vitrine (Filipenses 3.17; 1Timóteo 1.13; 1Tessalonicenses 2.7-8) e as pessoas farão aquilo que ouvirem de nós e virem em nós (Filipenses 4.9).

CONVOCAÇÃO PARA O DISCIPULADO

Jesus, nossa referência, além de demonstrar na própria vida como era o discipulado, nos deixou uma convocação: fazer a mesma coisa que ele fez. O conhecido texto de Mateus 28.18-20 é, na minha opinião e de outros estudiosos, um dos mais mal interpretados e subutilizados do Novo Testamento. Eu convido você a pensar sobre esse texto com uma perspectiva que pode ser diferente da que você tem considerado. O texto diz:

> Então, Jesus se aproximou-se deles e disse: "Foi-me dada toda a autoridade nos céus e na terra. Portanto, vão e façam discípulos de todas as nações, batizando-os em nome do Pai e do Filho e do Espírito Santo, ensinando-os a obedecer a tudo o que eu lhes ordenei. E eu estarei sempre com vocês, até o fim dos tempos" (Mateus 28.18-20, NVI).

Qual é a interpretação mais comum para esse texto? "Ide e fazei discípulos". Essa frase se tornou base bíblica para sairmos em missão mundo afora. A ideia básica nele expressa é que precisamos sair de onde estamos e ir pregar

A IGREJA QUE FAZ *discípulos*

o evangelho lá fora.[5] Responder positivamente ao chamado de Jesus, então, por vezes se tornou restrito à compreensão de que eu preciso ir para algum lugar pregar o Evangelho, o que normalmente envolve o anúncio ou a pregação. Se alguém aparentemente se converter a partir desse anúncio ou pregação, então o meu trabalho está feito e talvez possamos ir até o próximo indivíduo a ser convertido.

Analisando o texto mais atentamente, começando pelo versículo 18, lemos: "Foi me dada toda a autoridade nos céus e na terra". Esse versículo remonta ao texto de Daniel 7, que traz a ideia de que o Messias prometido por Deus, anunciado por vários profetas, concentraria em si todo o poder. Quando os discípulos ouviram essa frase da boca de Jesus, provavelmente deve ter passado muita coisa pela cabeça deles. À época, existia um pensamento corrente de que o Messias viria para libertar o povo de Israel do domínio estrangeiro e de que ele teria poder completo: poder espiritual, poder civil e poder bélico ou militar. Essa era a expectativa com a qual muitos aguardavam o Messias: alguém que afastaria os inimigos pela força e inauguraria o seu reinado com o povo de Israel liberto. Essa era uma compreensão limitada de Reino.

Quando Jesus disse que tinha todo o poder, alguns discípulos devem ter se animado, imaginando que tinha finalmente chegado o momento de libertar a nação. E Jesus disse para todos algo como: "Esse cara sou eu, eu sou o Messias prometido e tenho todo o poder; chegou a hora! O que os profetas

---

[5] Isso não quer dizer, no entanto, que não exista um chamado para expandirmos o evangelho a todas as nações, pois no próprio texto se fala sobre "nações". Em Atos 1.8, fica clara a extensão da missão e por todo o NT temos a demonstração da expansão territorial do Evangelho.

contaram a respeito de mim era verdade. Eu sou o Messias. Posso fazer o que for, porque todo poder me foi dado".

Aquilo parecia ser o auge para os discípulos que aguardavam esse Messias que livraria o povo de Israel do domínio romano e libertaria a todos como povo escolhido de Deus. Mas o que Jesus fez logo em seguida? Foi embora! "Como assim?" — alguns poderiam perguntar. Aquela era a hora de começar a fazer as coisas mudarem finalmente, e ele simplesmente vai embora? Muitos discípulos devem ter ficado boquiabertos, sem entender o que realmente tinha acontecido. Jesus disse mais algumas coisas e subiu aos céus. "Mas ele não ia começar seu reinado agora?"

Essa verdade, de que ele tem toda a autoridade, impacta tudo o que ele diz a partir daí. Veja só, o versículo 19 começa com a palavra "Portanto". Isso quer dizer que a partir dessa verdade, de que ele, o Cristo, tem toda a autoridade no mundo, as coisas deverão mudar. Veja que o conector "portanto" é extremamente importante nesse contexto. O que é dito depois está fundamentado na verdade dita anteriormente. O que Jesus convoca os seus discípulos a fazerem só é possível e relevante com base na verdade de que ele é Senhor sobre todas as coisas.

O texto segue adiante: "vão e façam discípulos". A palavra "vão", no original grego pode significar "ir", "viver", "andar", "seguir", "fazer uma jornada", "caminhar". Mas há uma pegadinha aqui. A palavra "vão" no original está num tempo verbal um tanto complicado para uma simples tradução para a língua portuguesa. O verbo está na chamada "voz média" e no aoristo ou particípio, que são tempos verbais. O que significa isso? Significa que o verbo não é um imperativo ("vão"). A tradução não poderia ser "ide" ou "vão". Além disso, a voz

A IGREJA QUE FAZ *discípulos*

média, na língua grega, acentua o agente, não a ação. O enfoque está no sujeito, não naquilo que ele faz ou deveria fazer.

Assim, a melhor tradução para o português seria "tendo ido". Como isso soa um pouco estranho, uma alternativa é a expressão traduzido por "indo". Isso faz muita diferença na compreensão do texto, especialmente quando juntamos com a próxima expressão ou palavra: "fazer discípulos" ou "discipulem", que está no modo imperativo. O foco na construção da frase do texto grego está na palavra "discipulem" ou "façam discípulos", mas não no "indo".

Dessa forma, possíveis traduções mais adequadas do início do versículo nos dariam algo como:

- Tendo ido, façam discípulos
- Indo, façam discípulos
- Seguindo [sua vida], façam discípulos
- Fazendo a jornada de vocês, façam discípulos
- Caminhando [por aí], façam discípulos
- Vivendo [sua vida], façam discípulos.

A mudança no enfoque para perceber possibilidades de compreender os verbos dessa maneira faz uma completa transformação na maneira como nos aproximamos desse texto. Ele não nos convoca a simplesmente ir a algum lugar e falar de Jesus. A expressão contida nele nos convida a continuar vivendo nossa vida naturalmente, por onde quer que andemos ou estejamos e, no caminho, fazer uma coisa: discípulos de Jesus. O texto, então, não é um chamado para "missionários" somente, mas para todos aqueles que já são discípulos. Os discípulos têm uma tarefa principal: fazer outros discípulos. Essa é a missão mais essencial da vida de todo discípulo.

O QUE É DISCIPULADO?

Depois disso, o texto continua, mas as duas ordenanças seguintes estão vinculadas à palavra "discipulem" ou "façam discípulos". O modo original no grego como foi escrito "batizar" e "ensinar" se assemelha ao modo gerúndio no português. Eles funcionam, basicamente, como uma explicação adicional daquilo que é discipular. "Discipulem todas as nações", fazendo o quê? Batizando-as em nome do Pai, do Filho e do Espírito Santo; e ensinando-as a manter tudo o que foi ensinado. Essas duas ordenanças complementam ou explicam os detalhes do processo discipular. O processo discipular envolve basicamente o seguinte:

- **Batizar**: incluir na família de Cristo, por meio de um gesto público de fé, que reconhece a transformação de alguém que começa a viver a nova vida.
- **Ensinar**: tudo que foi aprendido pelos discípulos, pelo relacionamento pessoal com Jesus, deve ser ensinado aos seus novos discípulos, para que obedeçam a Cristo em sua caminhada, também se relacionando com eles.

A compreensão equivocada em relação ao foco do texto gerou distanciamento significativo em relação à missão que Jesus nos deu. O foco passou a ser _ir_ para fazer discípulos. O peso ficou no _ir_, e não em _tornar_ essas pessoas discípulas de Jesus. Ir e pregar muitas vezes é mais fácil do que o desafio de tornar essas pessoas discípulas, através de um processo demorado e cansativo, como próprio Jesus teve com aqueles doze homens complicados.

Este é o epílogo de Jesus, o que ele orientou a Igreja a fazer. E esse deveria ser o trabalho principal pelo qual trabalhamos.

A IGREJA QUE FAZ *discípulos*

Mas o que nós temos feito como Igreja? Cultos, eventos especiais, acampamentos, classes etc. Formamos pessoas que *sabem* informações bíblicas ou informações da fé cristã. Mas será que tudo isso que fazemos está gerando discípulos maduros? Essa discussão será retomada na última parte do livro.

O grande incentivo que temos ao final do texto é que Jesus promete estar todos os dias conosco, até o fim dos tempos. Entretanto, pela construção do texto, ele promete estar todos os dias com esses discípulos que estão na caminhada a segui-lo, levando outros a também fazerem discípulos. Não é possível afirmar que a presença de Cristo é uma verdade para qualquer pessoa em qualquer situação. Ele diz que estará junto com quem estiver seguindo os seus passos.

PAULO

Os apóstolos seguiram o que aprenderam com Jesus. E conhecer o que fizeram foi um dos grandes presentes que Deus nos deu, ao nos possibilitar o acesso aos livros e cartas do NT. Esse foi um grande presente, porque vemos como eles replicaram o que aprenderam com Jesus e nos dão pistas importantes de como aplicar as práticas em nosso tempo. Vamos nos concentrar no apóstolo Paulo, mas o mesmo exercício pode ser feito com outros autores do NT, como Pedro ou João.

Paulo foi discipulado, discipulou e acompanhou o discipulado dos seus discípulos. Ele fez o processo completo. Uma das pessoas-chave que o discipularam foi Barnabé. O relacionamento com ele durou muitos anos e gerou uma mudança tremenda na vida de Paulo. O Saulo que vemos logo após sua conversão e o Paulo que se tornou anos depois no decorrer das viagens missionárias são duas pessoas completamente diferentes.

O processo de discipulado em sua vida, que alguns acreditam ter durado cerca de treze anos, o transformou num discípulo de Jesus pronto para fazer o que fez. Durante o tempo de preparação, Paulo aprendeu e se tornou discípulo, pois conheceu a Cristo. Deus, por sua vez, o transformou a fim de que ele pudesse ser instrumento útil na sua mão.

E o que ele fez? Discipulou pessoas. Igrejas foram formadas a partir desses discípulos, não o contrário. Fazer as coisas nessa ordem provoca uma diferença enorme. Paulo discipulou muitas pessoas, porém temos mais informações sobre Timóteo e Tito. Timóteo e Tito foram considerados filhos na fé por Paulo (1Timóteo 1.2, Tito 1.4). O relacionamento entre eles durou muitos anos e, pelas suas cartas, fica clara a intensa intimidade que Paulo desenvolveu com eles e como os conhecia tão bem. Paulo podia convocá-los a uma tarefa sem muita explicação, incentivá-los a continuar em uma disciplina espiritual ou confrontá-los em algo que exigiria deles disciplina e obediência. Conseguimos observar todos os princípios do discipulado de Jesus presentes no relacionamento de discipulado de Paulo com Timóteo e Tito.

O famoso texto de 2Timóteo 2.1,2 demonstra como Paulo via o processo discipular: "Portanto, você meu filho, fortifique-se na graça que há em Cristo Jesus, e as palavras que me ouviu dizer na presença de muitas testemunhas, confie-as a homens fiéis que sejam também capazes de ensinar outros". O discipulado era algo que deveria ser replicado a partir da experiência que a própria pessoa viveu. A multiplicação que acontecer a partir de um DNA defeituoso provocará discípulos igualmente defeituosos. Por isso, é tão importante ser discípulo verdadeiro de Jesus, para poder fazer discípulos verdadeiros de Jesus. A convocação

A IGREJA QUE FAZ *discípulos*

de Paulo a Timóteo faz parte das últimas orientações do apóstolo ainda vivo e figura como a essência do que deveria ser seu trabalho na plantação e na capacitação das igrejas.

Outro ponto importante que podemos observar no discipulado de Paulo com Timóteo e Tito é que Paulo incentiva seus discípulos a continuarem crescendo na fé. Esse é o ponto *contínuo* das premissas do discipulado de Jesus. Quando Paulo escreveu as cartas para Timóteo e Tito, eles não eram mais "bebês na fé", que precisavam ser acompanhados em tudo. Eram alguns dos líderes mais influentes da Igreja do primeiro século. Mas Paulo não ligou para isso. Deu conselhos para que eles continuem a crescer na fé.

O discipulado para Paulo não terminava antes que ele se encontrasse com Jesus nos céus. Paulo deixou claro, em algumas de suas cartas, a importância de o discípulo continuar a crescer continuamente na fé. Ele elogiou os tessalonicenses (1Tessalonicensses 4.1-10) por tentarem agradar a Deus e amar a outros cristãos. Entretanto, ele insistiu em que o fizessem "cada vez mais", convocando-os a continuarem a crescer nesses aspectos da vida.

Como disse Jerry Bridges: "Não existe um 'cristão adulto' que não precise mais crescer. O crescimento é normal não só para novos crentes, mas também para aqueles que caminham com Deus há cinquenta anos ou mais".[6] A conformidade a Jesus é um processo vitalício e um alvo para a vida. Por isso, Paulo se refere à transformação contínua sendo operada em nós ao usar a expressão "com glória cada vez maior" (2Coríntios 3.18). À medida que o Espírito opera em nós, avançamos de um estágio de glória para o próximo estágio.

---

[6]   BRIDGES, Jerry. **Crescimento espiritual**. São Paulo: Vida Nova, 2019. p. 16.

O QUE É DISCIPULADO?

Algo interessante no processo discipular de Paulo é que a relação dele com Timóteo e Tito mudou ao longo do tempo. Isso mostra que a relação entre discipulador e discípulo pode e deve se alterar. No início parece ser uma caminhada com mais acompanhamento e suporte. Entretanto, em algum momento esse relacionamento pode progredir para algo como uma mentoria, pois o discípulo cresceu na fé e o acompanhamento pode se tornar pontual.

Não é o foco deste livro tratar de outras pessoas-chave do NT, mas podemos ver como a verdade do discipulado continuou presente em outros contextos além do de Paulo. Vemos também nas cartas de Pedro, além de breves porções em Atos dos Apóstolos, algumas pistas de como era o relacionamento discipular de Pedro com seus discípulos e pessoas que ele influenciava. Em 1Pedro, por exemplo, há dois grandes elementos que se alternam o tempo todo: os fundamentos da salvação e a prática da salvação. Para Pedro, ser alcançado pela graça de Deus não era algo estanque, mas que continua progredindo, a ponto de mudar a prática da vida.

O DISCIPULADO NOS DIAS DE HOJE

Talvez muitos se perguntem se é possível, no século XXI, ter um processo de discipulado como o que foi vivenciado por Jesus e os seus apóstolos. Antes de conversar sobre a atualidade do discipulado, precisamos ter em mente que essa é uma ordem de Jesus: "Indo, façam discípulos", como trabalhamos neste capítulo. Então temos que discipular!

Mas é possível o discipulado no século XXI? Essa é uma pergunta honesta a ser feita, pois, quando observamos o discipulado de Jesus e dos apóstolos, percebemos que ele foi

A IGREJA QUE FAZ *discípulos*

feito em um ambiente muito diferente do nosso, há mais de 2 mil anos. Entretanto, essa pergunta normalmente esconde um entendimento ainda equivocado do que é o discipulado.

Quando Jesus convocou aqueles homens para se tornarem seus discípulos, ele deu uma ordem. Apesar de ser uma convocação, é um privilégio para nós recebermos essa ordem, pois queremos que as pessoas vivam a transformação que nós experimentamos. A convocação para discipular, então, é para todo discípulo de Jesus, em qualquer época, em qualquer lugar, em qualquer ambiente. Isso é indiscutível.

O que podemos e devemos fazer não é discutir "o quê", mas o "como" faremos isso nos dias de hoje. Então, nós discutiremos estratégias, modelos, materiais etc. E faremos isso neste livro. A convocação para discipular seguindo os princípios de Jesus não pode mudar. O que podemos fazer é descobrir os fundamentos do discipulado de Jesus e dos apóstolos e lutar por eles, adaptando a forma para nosso tempo.

Outro ponto importante a ser considerado é que todos fomos chamados para ser e fazer discípulos. Diante disto, o foco deste livro será tratar de *como* a igreja pode estruturar, de alguma maneira, o discipulado inspirado no modo como Jesus cumpriu essa missão. Do ponto de vista individual, no entanto, esse não será o foco, apesar de que tocaremos no tema no capítulo 2. Tudo o que for construído para a igreja tem como objetivo ajudar as pessoas a serem e a fazerem outros discípulos.

O PROCESSO DE DISCIPULADO

Propomos que você e um grupo de trabalho construam um *processo de discipulado* para sua igreja. Com base no que Jesus fez, ensinou e ordenou, e com base no que os discípulos

O QUE É DISCIPULADO?

e apóstolos fizeram, questionem-se sobre como poderão aplicar isso à realidade de vocês.

O que é um *processo de discipulado*? É o conjunto de definições, elaborado por você e seu grupo de trabalho, de como a sua igreja incentivará as pessoas a crescerem na fé com passos e objetivos claros. O grupo deverá encontrar respostas para perguntas como: Quem são essas pessoas? Quais passos podemos sugerir para crescerem na fé? Quais conteúdos trabalharemos? Quais materiais usaremos? Usaremos a estratégia de grupos ou faremos isso de forma individual?

Por que a palavra *processo*? Porque é essencial a compreensão de que o discipulado na igreja precisa de algum processo claro, com etapas e caminhos definidos, e que não é algo que acontece num evento ou numa classe. Tudo isso será trabalhado em detalhes na Parte II do livro. Entretanto, não salte para lá ainda, pois, antes disso, trabalharemos alguns pontos necessários.

DISCIPULADO É UM PROCESSO ORGÂNICO OU ESTRUTURADO?

Essa pergunta é feita por muitos pastores e líderes quando começam a pensar de que modo o discipulado ocorrerá na prática, no contexto da igreja local. Mesmo que não usem essas expressões, a questão com a qual lidam é a mesma. Assim, apresentarei as duas alternativas (orgânico e estruturado), na prática e em seus extremos, a fim de melhorar o entendimento dos dois pontos. Depois, apresentarei caminhos intermediários.

Um processo *totalmente orgânico* é aquele que, teoricamente e em seu extremo, não segue um processo predeterminado, rígido. Não existe um passo a passo elaborado. Cada pessoa

43

A IGREJA QUE FAZ *discípulos*

progride na fé num caminho próprio e personalizado. O discipulador, nesse contexto, precisa criar o caminho de transformação da pessoa específica e alinhar as estratégias e os conteúdos de acordo com as necessidades específicas. É um tipo de personalização do processo de discipulado, isto é, para cada pessoa.

Um processo *totalmente orgânico* apresenta os seguintes riscos e dificuldades:

- O discipulador nem sempre terá todo o conhecimento e as habilidades necessárias para desenvolver um processo discipular totalmente novo e personalizado.
- Pode tornar difícil de ser medido. Como cada novo discípulo está em um processo diferente, distinto, é difícil medir no conjunto onde as pessoas estão para que a liderança acompanhe o crescimento e dê suporte aos discipuladores.
- Pode se tornar mais difícil de ser multiplicado. Como não segue nenhum parâmetro de caminho a ser trilhado, o discípulo não tem um processo básico a ser copiado, pois o que ele viveu é apenas aquilo que fez sentido para a sua trajetória e não necessariamente poderá ser aplicado a outros.

Dessa maneira, considerando a igreja como um todo, é difícil implementar um processo totalmente orgânico como regra. Eu, Thiago, como discipulador há muitos anos, posso discipular outros em um processo totalmente orgânico. Quem já é discipulador muito experiente também. Mas é difícil para um grupo maior (a igreja) trabalhar nessa direção como comunidade, pois nem todos estão prontos para o processo nessa modalidade.

O QUE É DISCIPULADO?

Um processo *totalmente estruturado* é aquele que, teoricamente e em seu extremo, segue um caminho de crescimento na fé totalmente definido ao longo de anos, com os passos estruturados até o seu final, independentemente da situação de cada pessoa. O discípulo deve seguir os passos predeterminados até o final do processo para que possa progredir. A estruturação completa já existe e nada pode sair dos limites que foram propostos e organizados, nem do tempo predefinido.

Um processo *totalmente estruturado* tem os seguintes riscos e dificuldades:

- Tem a tendência de engessar e se tornar um programa ou um curso a ser seguido, esquecendo do foco nas pessoas.
- Pode perder de vista os ajustes de percurso naturais de cada pessoa ou grupo de pessoas que precisam ser implementados.
- Pode forçar um processo de transformação que demanda tempos diferentes para cada pessoa ou grupo de pessoas.

Como tentei demonstrar, os dois extremos têm problemas e desvantagens. Provavelmente, um caminho alternativo é a solução que se encontra no meio desses extremos. Entretanto, o meio do caminho sempre é mais desafiador. Assim, tentarei demonstrar a possibilidade de se encontrar esse meio termo.

Muitas igrejas chegaram à conclusão que parece fazer mais sentido ter, no início da jornada de relacionamento da pessoa com Cristo, um processo mais estruturado (ou semiestruturado). Depois de uma fase mínima básica, adota-se um processo menos estruturado. No início, é importante estabelecer as bases da fé e levar a pessoa a se tornar discípula de Jesus.

45

Há pontos importantíssimos que são verdades para todos os que estão no início da caminhada de fé. Salvação e graça, por exemplo, são verdades essenciais, que todo discípulo precisa entender e viver, independentemente de quem ele é. Cada um lidará com essas verdades de forma diferente, mas todos lidarão com elas em algum momento. Então, toda fase inicial de um processo de discipulado precisaria tratar esses dois temas (ambos são apenas exemplos).

Entretanto, depois do início dessa caminhada, que alguns consideram algo entre dois e três anos, parece fazer mais sentido propor um processo cada vez menos estruturado. Na fase menos estruturada, será necessário considerar muitos temas a serem tratados para a maioria das pessoas. Em alguns casos, alguns temas serão mais urgentes do que para outros. Além disso, as pessoas poderão precisar discutir algumas verdades para sua vida de forma diferente de outras pessoas.

O gráfico a seguir tenta demonstrar um resumo disso:

Usando o exemplo de Jesus, seu caminho de discipulado foi desenvolver uma jornada espiritual inicial com os discípulos por cerca de três anos. Nesse tempo, Jesus tinha um objetivo específico: transformá-los em seus discípulos a ponto de fazerem outros discípulos. Jesus tratou deles tocando em pontos essenciais a todo discípulo, dando um

O QUE É DISCIPULADO?

tempo necessário para que aspectos profundos do caráter deles fossem transformados.

Ele também investiu tempo em mudar a cosmovisão que tinham sobre si mesmos, sobre seus relacionamentos, as pessoas, o Reino, o próprio Messias e como seria o futuro. De certa forma Jesus tinha um tipo de "programa" a ser desenvolvido com eles. Entretanto, não era um programa engessado que não permitia se adaptar às demandas pontuais ou usar o contexto como ambiente propício ao aprendizado.

Após esse período, com a morte, ressurreição e ascensão, Jesus enviou o Espírito Santo para continuar o trabalho de discipulado já iniciado. O Espírito Santo derramou dons à Igreja para que o crescimento acontecesse no corpo de Cristo. O crescimento da fé, então, sempre tem um aspecto pessoal, operado pelo Espírito, e um aspecto coletivo, também operado pelo Espírito no Corpo. Não é possível crescer na fé sozinho. Jesus ensinou aqueles homens a se tornarem seus discípulos no contexto da coletividade, e convocou a Igreja a viver seu processo de crescimento da fé na coletividade.

Para crescer na fé existe o mistério do ministério do Espírito Santo, que é o grande agente do nosso crescimento e transformação. Existe também a nossa parcela de "esforço intencional e adequado".[7] Mesmo que não entendamos completamente como essas duas dimensões coexistem, parece que em todo o texto bíblico ambas as verdades estão presentes.

Na Parte II, nós trabalharemos a construção do processo de discipulado nessa fase inicial e, na Parte III, apontarei direções em que é possível trabalhar a continuidade do processo de discipulado ao longo da vida das pessoas.

---

[7] BRIDGES, Jerry. **Crescimento espiritual**. São Paulo: Vida Nova, 2019. p. 17.

A IGREJA QUE FAZ *discípulos*

O QUE NÃO É DISCIPULADO?

Falar sobre o que é discipulado é mais fácil quando destacamos o que ele não é. Com base nos fundamentos do discipulado de Jesus, podemos dizer que discipulado não é:

- **Terapia**: apesar da possibilidade de haver troca e cura entre as pessoas do discipulado, os fundamentos, processos e alvos não são os mesmos de um processo terapêutico.
- **Aconselhamento**: embora possa haver aconselhamento, o discipulado não é uma relação pautada em alguma técnica ou abordagem para ajudar o outro a atravessar uma crise ou lidar com uma decisão.
- **Curso/classe**: o discipulado não é um curso que alguém faz, uma classe da igreja que se possa frequentar ou algo do tipo. O discipulado inclui ensino, mas seu processo é vida-na-vida.
- **Estudo bíblico**: o discipulado inclui Estudo da Palavra, mas é limitado a um ensino sobre um tema ou livro bíblico.

QUAL A RELAÇÃO ENTRE DISCIPULADO E ESTUDO BÍBLICO?

Em muitas ocasiões em que falo sobre discipulado, alguns pastores levantam a bandeira de suas alternativas de estudo bíblico na igreja como sendo uma expressão do discipulado. Muitos se orgulham de dizer que têm uma Escola Bíblica forte ou grupos de estudo da Bíblia bons e, portanto, estão discipulando as pessoas. Entretanto, estudo bíblico não significa

O QUE É DISCIPULADO?

necessariamente crescimento na fé. Eu posso saber muito sobre a Bíblia, mas não ter mudado quase nada em meu caráter.

Os parâmetros do discipulado de Jesus são o nosso norte. O crescimento na fé se dá de acordo com os parâmetros levantados no início desde capítulo. Por exemplo, se retiramos da equação do discipulado o aspecto relacional, o processo ficará comprometido. E o relacionamento é justamente o que mais falta em certas alternativas de estudo bíblico. Em muitos casos, o ensino bíblico é completamente dissociado de uma caminhada de relacionamento, o que gera uma distância entre quem ensina e quem aprende. A relação que se estabelece é de professor-aluno.

O discipulado, seguindo o referencial de Jesus, inclui o estudo da Palavra. Mas nem sempre o estudo da Bíblia envolve discipulado. Discipulado tem a ver com duas ou mais pessoas se relacionando intencionalmente, para compartilhar vida, usando a Palavra de Deus como a referência principal. É possível ter uma estrutura de ensino em que o foco não seja o compartilhamento de vida, e sim, o compartilhamento de verdades ou princípios da Palavra.

Certa vez, quando falava sobre esse assunto em uma igreja, um líder de influência naquela igreja se levantou e disse que nada do que eu falava era necessário, pois eles já tinham uma Escola Bíblica que os ensinava tudo que era preciso. Então eu disse: "Que bom, meu irmão. Vamos entender melhor como aprendem. Por favor me diga o tema que estão trabalhando atualmente em sua classe?". E ele respondeu dizendo que estudavam o livro de 2Reis. Por dois ou três meses eles estavam trabalhando esse livro. Então eu respondi dizendo que achava esse livro fantástico e que podia nos ensinar muito.

A IGREJA QUE FAZ *discípulos*

Mas então eu perguntei a ele: "Depois de estudar tanto esse livro, por tanto tempo, o que você poderia dizer que mudou na sua relação com Deus, ou com a sua família, ou com as pessoas com as quais trabalha, ou na sua relação com autoridades, ou a igreja, ou qualquer outro aspecto de sua vida? Poderia me dizer pelo menos uma coisa?". E ele não conseguiu responder absolutamente nada. Ele disse, no entanto, que sabia citar o nome de todos os reis de Israel e sabia vários versículos de cor.

Acúmulo de informações, fatos bíblicos ou doutrinas cristãs sem aplicação pode gerar vaidade espiritual. Jerry Brigdes cita o fato de que Paulo disse ao mesmo tempo que "a ciência incha, mas o amor edifica" (1Coríntios 8.1) e que "o conhecimento da verdade [...] conduz à piedade" (Tito 1.1). Mas qual é a diferença desses dois conceitos de conhecimento? No primeiro caso, os coríntios usavam seu conhecimento de forma egoísta e arrogante, numa busca vaidosa para discutir conceitos e convicções com outros que pensavam diferente deles. No outro texto, a ideia é que o conhecimento das Escrituras está sendo aplicado à vida e resulta em comportamento piedoso.

Jesus deixou isso muito claro quando disse:

> As palavras que digo não são meros adendos ao seu estilo de vida, como a reforma de uma casa, que resulta em melhora de padrão. Elas são o próprio alicerce, a base de sua vida. Se vocês puserem essas palavras em prática, serão como pedreiros competentes, que constroem suas casas sobre a solidez da rocha. [...] Mas, se vocês usarem minhas palavras apenas para fazer estudo bíblico, sem nunca aplicá-las à própria vida, não passarão de

O QUE É DISCIPULADO?

pedreiros tolos, que constroem suas casa sobre a areia" (Mateus 7.24-27, *A Mensagem*)."

Na Parte III do livro, trabalharemos melhor o modo como se pode integrar o discipulado às estruturas existentes de ensino da Bíblia em sua igreja. Por ora, lembre-se de que falar de discipulado não significa falar de estudo da Bíblia apenas, mas da prática da Palavra como Jesus nos ensinou.

QUAL A RELAÇÃO ENTRE DISCIPULADO E EVANGELISMO?

Podemos entender o evangelismo como parte do processo de discipulado. Por quê? Porque levar alguém à fé é levar a pessoa a se tornar discípula de Jesus. Então, nessa perspectiva, discipulado é a caminhada em que alguém se torna discípulo e continua sendo discípulo. O evangelismo, então, deveria estar conectado ao processo de discipulado da igreja.

Podemos, se você quiser, separar os dois conceitos para organizar melhor o nosso entendimento. Esse não é um erro e eu não me oponho a isso. Entretanto, essas duas práticas normalmente estiveram desconectadas ao longo do tempo, na maioria das igrejas, a ponto de as pessoas não perceberem, na prática, como elas se integram. Muitas pessoas são levadas à fé após ouvirem uma pregação, uma proclamação, mas nada acontece a partir daí. Basicamente, elas começam a frequentar os cultos, fazem algum curso inicial para se batizarem e se tornarem membros, e se espera que elas cresçam na fé por conta própria.

Quando percebemos que levar as pessoas à fé é parte de um processo maior de discipulado, podemos alinhar as

A IGREJA QUE FAZ *discípulos*

agendas e estratégias de evangelismo da igreja ao processo de discipulado, visando levar essa pessoa a continuar crescendo na fé depois de se converter.

O ALVO DO DISCIPULADO

Certa vez, em um processo de consultoria com uma igreja, eu ouvi um pastor se colocar diante de toda a congregação e pedir perdão porque nos últimos quinze anos de ministério naquela igreja ele se esforçou em fazer "membros de igreja", não discípulos. Não é segredo que o enfoque da liderança e dos pastores de igrejas, muitas vezes, é fazer convertidos que depois se tornem membros. Entretanto, o chamado de Jesus não é para levarmos as pessoas ao momento da conversão, mas a se tornarem discípulos que guardem e obedecem a sua Palavra e influenciem o mundo. E isso só é possível com um processo de discipulado claro e disponível, a fim de que as pessoas possam crescer na fé e se tonar como Jesus, o Homem Perfeito.

Jesus não somente convocou aqueles homens para serem seus discípulos, mas investiu tempo, levando-os a se tornarem novos homens. Ao longo do ministério de Jesus, ele ficou cada vez mais próximo dos seus discípulos, compartilhando vida e transformando gradativamente o coração deles. O convite para o discipulado era de permanência em Jesus: "Se vocês permanecerem firmes na minha palavra, verdadeiramente serão meus discípulos" (João 8.31). A capacidade de assimilar o significado da revelação seria cada vez maior, desde que continuassem a pôr em prática a verdade que já haviam compreendido.[8]

---

[8] COLEMAN, Robert E. **O plano mestre de evangelismo**. 2. ed. São Paulo: Mundo Cristão, 2006. p. 50.

História DA IGREJA VIDA NOVA

Ao final de todos os capítulos contarei a história da Igreja Vida Nova, uma igreja que decidiu implementar um processo de discipulado. As personagens, a igreja e todo o roteiro da história são ficcionais, mas totalmente baseados nas diversas histórias reais que aconteceram em consultorias, assessorias e capacitações das quais participei. O objetivo aqui não é demonstrar as respostas certas encontradas por uma igreja, mas como acontece o processo construtivo de uma equipe, até chegar a respostas que eram as melhores que conseguiram naquele tempo e contexto.

Depois de ler o primeiro capítulo do livro e dar uma vasculhada rápida no que viria pela frente, o pr. Antônio não teve dúvidas. Ele disse: "Vou convocar um grupo de trabalho para investigar melhor essas ideias e pensar nisso para a nossa igreja". Ele não entendia direito tudo o que aconteceria em detalhes, mas decidiu arriscar.

Ele era pastor há alguns anos naquela igreja e já fazia um tempo que queria trabalhar a questão do discipulado com todos. Já havia lido alguns materiais e visitado outras igrejas que desenvolviam diferentes modelos de discipulado, mas ainda tinha dúvidas sobre qual seria o melhor modo e momento de começar algo nessa direção. Quando o pr. Antônio pegou o livro, decidiu dar um passo adiante e sair da acomodação.

A primeira coisa que ele fez foi convidar o João para ser o coordenador do grupo. O João era aquele tipo de pessoa muito empolgada e que conseguia motivar as pessoas com certa facilidade. Por isso, ele falou primeiro com o João, que prontamente aceitou o convite. O João também não entendia bem o que iria acontecer, mas aceitou o desafio. Logo em seguida, os dois começaram a pensar em quem convidariam para integrar o grupo de trabalho e, depois de uns trinta minutos conversando intensamente sobre isso, pensaram em convidar as pessoas ao final do culto do próximo domingo. Mas eles se lembraram de fazer algo antes: orar por isso. Decidiram orar sobre o tema e na semana seguinte voltariam a conversar.

Uma semana se passou, e os dois, de fato, oraram sobre a questão. Naquela semana, inclusive, o João deu uma vasculhada no livro que o pr. Antônio tinha dado para ele e entendeu um pouco mais do que estava por vir. Eles se encontraram e perceberam que quase todos da lista que tinham pensando em convidar eram as pessoas-chave para integrar o grupo. No entanto, eles decidiram não convidar o sr. José, pois tinham a sensação de que ele, apesar de ser uma pessoa dedicada à igreja, talvez tivesse dificuldade de caminhar com o grupo e propor ideias nesse primeiro momento. Além disso, perceberam que as pessoas que lidam com a nova geração da igreja não estavam no grupo, então decidiram incluir a Amanda, que coordenava as crianças, e o Ricardo, que cuidava dos jovens e adolescentes.

O João já queria enviar uma mensagem para todos pelo celular, convidando-os para uma reunião. Entretanto, o pr. Antônio ponderou que era melhor falar pessoalmente com eles e dizer que estava pensando em convidá-los para fazer parte de

História DA IGREJA VIDA NOVA

um grupo especial, que trabalharia algo na área de discipulado para a igreja como um todo. Deu a eles a tarefa de orar sobre o assunto e combinou de se encontrarem no próximo domingo, a fim de que pudesse explicar melhor como seria o processo.

O pr. Antônio mal podia se conter de ansiedade. Se fosse por ele, decidiriam tudo em duas ou três reuniões. Mas ele sabia que não seria tão rápido assim. Uma semana depois, todo o grupo escolhido se encontrou e o pr. Antônio explicou a proposta. Ele entregou um livro para cada um e detalhou o envolvimento deles no processo. Quase todos se prontificaram, imediatamente, a fazer parte do grupo. A Maria, que todos diziam que o seu ministério era o "pau para toda obra", disse que estava motivada. O Ricardo disse que discipulado era algo que ele queria entender melhor há muito tempo. E todos foram confirmando o interesse e manifestando curiosidade no que viria pela frente. Alguns ficaram preocupados com o horário para fazer o que fora proposto, já que estavam com a agenda lotada, com compromissos da igreja e da vida pessoal. Decidiram, então, fazer um encontro semanal na igreja antes de um compromisso que sempre tinham, para não terem que incluir mais um dia na agenda.

E assim começou o grupo...

Logo no primeiro encontro, ao falar sobre o primeiro capítulo, a conversa foi intensa! A Alice, que era a líder de ensino, disse que a perspectiva de discipulado era muito maior do que ela imaginava. Ela dava aula na classe da EBD chamada Discipulado e, no seu entendimento, o que ela fazia era, basicamente, transmitir verdades ou doutrinas bíblicas para as pessoas. Alice disse que isso mexeu com ela e a deixou sem saber o que fazer. Na verdade, ela queria interromper a sua classe já no domingo seguinte, mas o pastor a impediu de fazer dessa forma.

O sr. Domingos disse que entendeu tudo, mas não via como isso pudesse mudar muita coisa na rotina da igreja. Como vice-presidente, ele tinha certo receio das "novidades" que apareciam e tentavam mudar as coisas estabelecidas na igreja. Maria disse que tinha sido discipulada na adolescência e que isso fez toda a diferença na sua vida. Ao dizer isso, os demais disseram que nunca foram discipulados por alguém. Maria se surpreendeu quando todos disseram isso. Em seguida, parando para analisar a questão, disse que não via isso acontecer na igreja de hoje e que talvez o discipulado tenha sido a coisa mais importante que aconteceu na sua caminhada cristã.

Depois das impressões iniciais sobre as percepções deles ao lerem o capítulo 1, a Amanda, que até então estava quieta, disse que, se houvesse um processo estruturado de discipulado na igreja, ajudaria as pessoas a crescerem na fé. Ela disse que, quando chegou à igreja, não teve clareza sobre o que deveria fazer para se parecer mais com Jesus ao longo do tempo. Ela disse que aprendeu uma lista de coisas que, como cristã, não poderia fazer, mas não entendeu bem o que deveria fazer para crescer na fé.

Nesse momento, o sr. Domingos a interrompeu, dizendo: "Mas é óbvio o que se faz para crescer na fé! Basicamente vir aos cultos e às aulas, ler a Bíblia e orar". Depois dessa resposta um tanto ríspida, o grupo ficou em um silêncio desconfortável por alguns segundos, o que para alguns pareceu durar minutos. O João tentou diminuir o desconforto mudando de

História DA IGREJA VIDA NOVA

assunto, mas a Amanda corajosamente decidiu voltar ao que tinha sido falado, e comentou: "Mas eu entendi que discipulado não é simplesmente participar de um culto ou praticar disciplinas espirituais. Jesus discipulou usando alguns fundamentos, como relacionamento intencional e vivencial, como aprendemos. Acho que ainda não desenvolvemos isso plenamente em nossa igreja". O sr. Domingos não gostou muito da resposta, mas resolveu não dizer nada.

Depois disso, todos começaram a conversar sobre como seria bom se as pessoas realmente tivessem um acompanhamento em seu crescimento de fé e tivessem pessoas que as ajudassem a entenderem melhor o que é se tornar um discípulo de Jesus.

A IGREJA QUE FAZ *discípulos*

TAREFA PARA O GRUPO DE TRABALHO

Em todo o livro haverá sugestão de tarefas para o grupo de trabalho. O que pretendemos é que você escolha as pessoas (no Anexo I dou dicas de como montar esse grupo) e caminhe com elas no estudo deste livro e na prática das tarefas de cada capítulo. O objetivo é que, realizando as tarefas, vocês construam o processo próprio de discipulado.

Perguntas para reflexão e diálogo:

1. O que mais chamou a sua atenção no discipulado de Jesus?
2. O que mais chamou a sua atenção no discipulado de Paulo?
3. Você viveu algum processo de discipulado como o de Jesus ou dos apóstolos?
4. Você acredita ser possível discipular alguém hoje?
5. O que colocamos como desculpas para não discipular?
6. Como um processo de discipulado pode contribuir para as pessoas da nossa igreja crescerem na fé?

Capítulo 2
O QUE É SER DISCÍPULO DE JESUS?

Neste capítulo, vamos trabalhar especificamente sobre o que é ser um discípulo de Jesus. No primeiro capítulo, falamos sobre o que é discipulado, mas agora é importante delimitar melhor o que é seguir a Jesus e o impacto disso em nossa vida.

O conteúdo deste capítulo não tem o objetivo de ser meramente informativo, mas gerar *vivência* e *alinhamento* seu e do seu grupo de trabalho nessas verdades. *Vivência*, porque provavelmente tudo (ou quase tudo) o que você lerá não será novidade, o que não significa que esteja experimentando isso em sua caminhada de fé. *Alinhamento*, porque é preciso que seu grupo de trabalho esteja "na mesma página" neste assunto. Sem uma visão sobre ser discípulo e sobre discipulado na liderança da igreja, dificilmente essa visão alcançaria de maneira visceral a todos.

A minha proposta é que trabalhem este capítulo com o grupo de trabalho, construindo um ambiente de confiança em que as pessoas possam ser vulneráveis e transparentes. Esse grupo funcionará como um protótipo; é uma vivência de discipulado. Para aqueles que nunca passaram por uma

A IGREJA QUE FAZ *discípulos*

experiência de discipulado, ele servirá de exemplo. Para aqueles que já passaram por uma experiência de discipulado, esse grupo será importante para o alinhamento e a geração de unidade. Ao final do capítulo, darei orientações adicionais de como organizar isso.

Não é possível implementar uma cultura e mentalidade de discipulado na igreja se a própria liderança não experimentar algo em sua própria vida e realidade. Por isso, proporei alguns pontos essenciais para despertá-los nesse sentido. Nas Tarefas do Grupo de Trabalho, sugiro livros que lidam com a questão de modo mais aprofundado e que servem como referência para a experiência do seu grupo. Vale a pena investir mais tempo nesse aprofundamento, pois este capítulo é uma introdução sintética das verdades eternas.

A dica principal a partir de agora é: não leia o texto como quem quer conferir se já conhece o conteúdo. Leia como alguém que olha para si e se pergunta: isso é verdade praticada na minha vida?

O QUE É SER UM DISCÍPULO?

Provavelmente você já foi questionado sobre sua religião ou sobre a igreja que frequenta. Muitos nomes e categorias podem ser dados no meio cristão para aqueles que seguem algum movimento religioso: cristão, evangélico, católico, membro da igreja X ou Y. Sem pretender desmerecer qualquer categorização, parece que a Igreja se afastou do que era mais importante na sua identificação: ser discípulo de Jesus. De modo geral, parece que entendemos nossa vinculação a uma igreja ou movimento de maneira mais constante do que nos lembramos da vinculação a uma Pessoa.

O QUE É SER DISCÍPULO DE JESUS?

Para mim, isso é o que caracteriza o que é ser discípulo de Jesus: alguém que segue uma Pessoa. Pode parecer óbvio, mas eu explicarei por que isso pode ser mais profundo do que parece.

Os Evangelhos contam que Jesus, o *rabi*, começou a ensinar enquanto andava por aí e, no meio do caminho, convocou alguns para segui-lo. Não sabemos exatamente o que aqueles homens entenderam do convite e quais expectativas tinham, mas é possível imaginar que alguns deles seguiram Jesus por interesse em andar com alguém que tinha ideias intrigantes e parecia ser um mestre audacioso, já que havia outros mestres em Israel. Outros talvez o seguiram porque desconfiavam (ou já acreditavam) que aquele homem poderia ser um profeta ou o próprio Messias. Com o tempo, de fato, a maioria parece ter continuado a segui-lo, porque entenderam que ele era o Messias. Isso não quer dizer que o conceito que tinham de Messias estivesse correto. Jesus foi se revelando, e eles tiveram seus olhos abertos ao longo da caminhada. Na realidade, nem mesmo os cerca de três anos foram suficientes para entenderem tudo o que Jesus disse, nem suficientes para serem transformados em tudo o que Jesus os provocava a mudar.

O que aconteceu na vida daqueles homens é que eles foram transformados em outros homens. Não que eles melhoraram, mas foram transformados em outras pessoas. E o que os levou a serem transformados? O fato de seguirem a uma Pessoa. Eles não estavam seguindo a uma nova visão religiosa, a um conjunto de ideias, a um sistema de valores ou qualquer outra coisa do tipo. Eles seguiam a uma Pessoa.

Seguir a uma Pessoa é diferente de tudo. No caso, a Pessoa é simplesmente o próprio Deus encarnado. E é claro, isso

A IGREJA QUE FAZ *discípulos*

muda tudo. Mas Jesus foi e ainda é uma Pessoa. Os discípulos o viam, comiam com ele, dormiam com ele, viam como ele agia durante todo o dia, viam como ele tratava as pessoas, como ele respondia a questões difíceis, viam o seu olhar de amor, a sua capacidade de perdoar e tudo mais que podia ser visto num Humano Perfeito. E, enquanto o seguiam, estabeleceram um relacionamento visceral com Jesus. Não se tratava de um relacionamento professor-aluno, ministro religioso — membro da igreja, chefe — empregado ou alguma outra coisa. Nem mesmo a relação mestre — discípulo consegue descrever tudo que envolveu esse relacionamento; a relação mestre — discípulo pode ser a mais próxima, mas ainda assim é limitada.

Tratava-se de um relacionamento diferente de tudo que eles haviam experimentado. Era algo tão impressionante, que os fez, continuamente, largar tudo o que faziam para segui-lo. A decisão de seguirem a Jesus não foi em momento único. Eles continuaram decidindo que o seguiriam. Na verdade, onze deles fizeram essa escolha, um deles não. O convite de Jesus não foi para que seguissem rituais, uma linha doutrinária ou que aderissem a uma escola de conhecimento, mas "para que estivessem com ele" (Marcos 3.14, Lucas 6.13). E foi por causa desse relacionamento íntimo com Jesus que aos discípulos "foi dado o conhecimento dos mistérios do Reino de Deus" (Lucas 8.10).

Ser discípulo de Jesus hoje, para mim e para você, deveria ser essencialmente seguir a uma Pessoa, da mesma forma que os primeiros discípulos fizeram, enquanto se relacionavam profundamente com essa Pessoa. Nessa caminhada de seguimento a Jesus, muitas coisas acontecem na vida dos que o seguem. Só isso: tudo na vida se vira de cabeça para baixo! O que era a vida dos discípulos de Jesus antes de o conhecerem e depois que

O QUE É SER DISCÍPULO DE JESUS?

o conheceram, foi completamente mudado. E não mudou uma vez só. A vida deles continuou sendo uma aventura de transformação durante o resto de sua vida. Jesus não é como um uma pessoa "legal" que é adicionada à sua lista de referências de bons mestres. Ele é um leão que traga tudo ao seu redor.

Ser discípulo de Jesus hoje, para mim e para você, deveria ser essencialmente isso: começar a seguir a uma Pessoa que transforma quem eu sou e faz uma "bagunça" na minha vida, uma "bagunça" boa. Não sei se você notou, mas não estou falando que seguir a Jesus tem a ver com melhorar quem somos, ou fazer pequenos ajustes na forma como enxergamos certas coisas em nossa vida, ou aderir a uma religião para ganhar um passaporte para o céu. Seguir a Jesus não é nada disso. Discipulado de Jesus é transformação, não melhoria. Jesus não queria melhorar os doze, ele queria que fossem transformados em outras pessoas. Essa Nova Pessoa que Jesus quer me tornar é o *eu* transformado, regenerado e completamente lapidado por meio da santificação ao longo da vida.

É por isso que os discípulos de Jesus por fim foram chamados de "pequenos cristos", que é o que significa a palavra "cristão". Mesmo que originalmente esse termo possa ter sido usado de maneira jocosa, os cristãos assumiram isso, pois era exatamente o que pretendiam ser: *pequenos cristos*. Ser considerado alguém que se parecia com Jesus era o mais alto nível de realização que poderiam alcançar.

A caminhada de seguimento a Jesus (você também pode chamar isso de *processo de discipulado*) é uma caminhada para a vida. Eu não me torno discípulo de Jesus e depois participo da Igreja até morrer. Seguir a Jesus é algo que se faz para sempre. Eu posso acordar de manhã pensando: Como será meu dia de trabalho? Como resolvo aquele problema na empresa?

A IGREJA QUE FAZ *discípulos*

Como lido com meus filhos? Ou eu posso acordar todos os dias pensando: "Enquanto sigo a Cristo hoje, como lidarei com tudo no meu dia? Como posso ser Cristo no meu mundo hoje? Como posso abrir meu coração hoje para que a vida de Cristo se manifeste em mim a ponto de mudar meu caráter, emoções, visão do mundo e das pessoas?".

A verdade de que sou discípulo deveria ser a verdade mais essencial na minha realidade e identidade. Tudo na vida cristã flui a partir dessa verdade real e praticada. O discípulo vive para aquele que é seu Mestre. Dificilmente eu acordo e me vejo vivendo o dia lembrando que sou um discípulo de Jesus. Entretanto, é assim que quero viver meus dias, pois há anos decidi ser discípulo dele e continuo querendo ser seu discípulo. Tudo o que enxergo, percebo, raciocino, avalio é diferente se lembro que sou discípulo de Jesus.

CARACTERÍSTICAS DO DISCÍPULO

O discípulo de Jesus é um discípulo efetivamente se começar a viver e demonstrar as características do seu mestre Jesus, pois esse é o objetivo de uma pessoa que segue alguém. Então, falar sobre as características do discípulo também é falar sobre as características de Jesus, o Mestre. E Jesus é tão incrível que é difícil sintetizar tudo o que ele é ou categorizar a sua essência.

Muitos bons livros já foram escritos para falar sobre isso, uns trazendo uma abordagem superficial, enquanto outros de maneira mais profunda. Ao final deste capítulo, vou sugerir alguns desses livros para a sua leitura. Entretanto, eu gostaria de citar algumas dessas características que são importantes

O QUE É SER DISCÍPULO DE JESUS?

para o propósito deste livro, e gostaria que você as relembrasse e se perguntasse: estou vivendo isso?

Compreende a graça

Você sabe o que é graça? Você tem um relacionamento com Cristo baseado na graça? Minha relação de seguimento de Jesus inicia e se processa sobre a compreensão e prática da verdade sobre a graça. O entendimento do que é, de fato, a graça de Cristo me leva a começar a caminhada de seguimento a ele, porque entendo o que ele fez por mim. Esse entendimento também ajuda a continuar a segui-lo no meu processo de santificação e crescimento na fé, porque entendo o que ele fez por mim e pode continuar a fazer.

Não é possível mensurar quanto a incompreensão da verdadeira graça de Cristo pode provocar de confusão a respeito da vida cristã, de quem é Deus, de como se dá a nossa relação pessoal e sobre a natureza do pecado. E não estamos falando de um problema recente, mas de toda a vida da Igreja ao longo dos séculos.

A chamada "graça barata", que não demonstra tudo o que é graça, pode nos levar a um relacionamento "raleado" com Cristo, pois não entenderemos a profundidade do que ele fez por nós. Essa graça raleada, rasa, pode ser entendida como um favor imerecido que Deus fez por mim, me dando a salvação de graça. Mas essa compreensão é incompleta. Enquanto não entendo que essa salvação não veio de graça, uma vez que custou a vida de Cristo na cruz, não perceberei a intensidade do sacrifício dele por mim, especialmente enquanto eu não me der conta de quão pecador eu sou.

A IGREJA QUE FAZ *discípulos*

O próprio Deus morrer numa cruz por alguém que não tem merecimento, pois naquele momento era inimigo de Deus, é algo escandaloso e que não faz sentido lógico. Quando eu entendo a intensidade desse sacrifício e o que ele significa, a minha reação não pode ser outra a não ser querer dar a minha vida a ele, sem reservas, e dizer: "agora já não sou eu quem vive, mas Cristo vive em mim; e esse viver que agora tenho na carne, vivo pela fé no Filho de Deus, que assim mesmo morreu e se entregou por mim" (Gálatas 2.20).

A partir da realidade da conversão, o processo de seguimento a Jesus também se dá pela graça. A salvação é pela graça, a santificação também. Não é possível crescer na fé, se não for pela graça. O pr. Ivênio dos Santos trabalha essa verdade em seu belo livro *Santidade ao seu alcance*.[1] Ele diz que, se eu acreditar que posso crescer na fé pelo meu próprio esforço, não sairei do lugar e nada crescerei. A santificação acontece no processo de me perceber pecador (apesar de já salvo) e de que preciso da graça de Cristo para gerar transformação em mim.

O processo de santificação se dá com a proeminência do próprio Deus, operado pelo Espírito Santo. Meu papel no processo é me abrir a esse poder avassalador do Espírito e permitir que ele entre na casa e faça a arrumação da bagunça que existe, mesmo que eu não consiga ver onde está a sujeira, especialmente aquela que fica escondida debaixo de algo que está fora do meu campo de visão.

A compreensão da graça é alcançada em sua magnitude quando me dou conta de que não apenas fui pecador, mas que ainda sou pecador. Se já fui aceito por Cristo no processo

[1] SANTOS, Ivênio dos. **Santidade ao seu alcance:** superando as expectativas e vivendo uma vida autêntica. Brasília: Editora Palavra, 2007.

O QUE É SER DISCÍPULO DE JESUS?

da conversão, posso dizer que sou livre da pena do pecado (a morte eterna). Entretanto, enquanto vivo minha vida presente, ainda convivo com o poder do pecado sobre mim, e vivo esse processo de santificação na caminhada de seguimento a Jesus, dia a dia, vencendo o pecado (ou às vezes sendo derrotado). Somente quando for liberto desse corpo é que não terei mais a presença do pecado. Essas são as famosas três etapas da salvação e que nos mostram que, de fato, eu *fui salvo, estou sendo salvo* e *serei salvo* pela graça de Cristo.

A graça também me dá uma nova visão sobre quem é Deus. Cada um de nós tem uma visão construída sobre Deus que não é a realidade total de quem ele é. O entendimento que temos é um *avatar* que criamos com base em nossos conhecimentos, experiências, imaginação e outras fontes. E essa imagem pode estar muito longe de quem Deus é de fato. O problema é grande, porque podemos estar nos relacionando com um Deus que não tem nada a ver com o Deus revelado pelas Escrituras, e que pode ser experienciado através de um relacionamento de amor.

Talvez o *avatar* de Deus que temos criado foi imaginado por nossa cultura ocidental cristianizada e seja um Deus que procura pessoas que façam certas coisas por ele e, se não fizerem, elas perderão pontos com esse Deus e serão julgadas pelo mal que praticaram ou pelo bem que não conseguem realizar. Esta é a visão de um relacionamento baseado numa somatória de pontos positivos e negativos. Quem fizer mais pontos, ganha mais bênçãos ou adquire a salvação. Essa lógica me faz ter um relacionamento completamente equivocado com Deus, pois essa não é a natureza de Deus nem a relação que ele propõe com base na graça. Por causa de uma visão equivocada como essa, toda a nossa

A IGREJA QUE FAZ *discípulos*

relação pode ser construída sobre uma base errada e gerar grandes problemas à medida que ela é desenvolvida, pois o fundamento já está com problemas.

Compreender Deus a partir do seu imenso amor e graça me leva a estabelecer uma relação diferente com ele diariamente. Como disse Jerry Bridges: "Viver pela graça significa estar livre da obrigação de conquistar as bênçãos de Deus por meio da obediência ou da prática de disciplinas espirituais [...] Nada do que você fizer fará com que Deus o ame mais ou menos. Deus o ama estritamente por sua graça concedida a você por Jesus".[2] A compreensão dessa graça não se dá apenas no momento da conversão, mas por toda a vida. Quando me lembro do amor dispensado por Cristo e de que ele me ama incondicionalmente a ponto de ter morrido por mim, decido segui-lo com o coração constrangido.

A morte do eu

Seguir a Jesus tem a ver com decidir conscientemente dizer para mim mesmo: "Thiago, você morreu". Aquilo que eu era, as minhas decisões, as minhas vontades, já não são a referência em minha vida. Eu agora morri. É como se eu olhasse todos os dias para meu jazigo e me lembrasse: "É... aquele Thiago morreu. Sou agora outra pessoa". E depois olhasse para o espelho e me reconhecesse como o Thiago transformado por Cristo, que é muito melhor e muito mais parecido com o Filho de Deus, a cada dia um pouquinho mais parecido com ele.

A experiência da conversão (João 3.3) é a decisão pontual de começar a segui-lo. Mas a experiência de continuar a segui-lo é também a decisão de continuar a matar o meu eu.

---

[2] BRIDGES, Jerry. **Crescimento espiritual**. São Paulo: Vida Nova, 2019. p. 26.

O QUE É SER DISCÍPULO DE JESUS?

Poderíamos pensar que no momento quando eu decido começar a seguir a Cristo (entregando minha vida a ele), minha natureza seria transformada imediatamente e pronto! Agora a caminhada será natural. Entretanto, seguir a Cristo é uma experiência de morte diária. Se não for assim, eu não estarei seguindo a Cristo. Terei voltado a seguir a mim mesmo.

Matar o meu eu é lutar contra a própria natureza. Graças a Deus que, pelo Espírito Santo, temos a nova natureza, não mais somente a natureza pecaminosa. E, como Paulo nos explica bem em Gálatas e Romanos, durante a nossa caminhada discipular, conviveremos com as duas naturezas coabitando o nosso ser. O meu papel nessa nova relação tem mais a ver com permitir que o Espírito Santo me transforme, do que tentar ser uma pessoa melhor.

Como disse o célebre Dietrich Bonhoeffer: "o discipulado é de graça, mas lhe custará a sua vida". Matar o meu eu é um trabalho para a vida. A minha vida na verdade não é minha. Se eu sigo a Cristo, ele deveria ser o Senhor da minha vida. O meu versículo preferido da Bíblia deixa isso muito claro: "E ele morreu por todos para que aqueles que vivem já não vivam mais para si mesmos, mas para aquele que por eles morreu e ressuscitou" (2Coríntios 5.15). Saber que agora eu não tenho mais direitos sobre mim mesmo é avassalador e intenso.

Jesus é uma Pessoa que mostrou que seu caminho era a sua própria vida. Por isso, discípulos querem ter a própria vida do Mestre neles mesmos. E, para ter essa vida neles mesmos, é preciso morrer para nós mesmos a fim de viver Cristo. Isso só é possível hoje pelo Espírito Santo, que é o enviado de Cristo.

Em minhas experiências de discipular pessoas, por diversas vezes eu ouvi pessoas que se consideravam cristãs

A IGREJA QUE FAZ *discípulos*

maduras (inclusive alguns seminaristas e pastores) concluírem que ainda não tinham morrido para si mesmas. Essa verdade as alcançou de forma profunda a ponto de terem um novo encontro com Deus, que as levou a outro nível de relacionamento com ele. Para chegar a essa conclusão, eles tiveram que se fazer vulneráveis, assim como aconteceu com Jesus, com Paulo e com os demais apóstolos. A vulnerabilidade é característica de um discípulo de Jesus e está associada à morte do eu, pois eu não tenho mais medo de encarar quem sou e decido ser verdadeiro comigo mesmo. Reconhecer que sou vaidoso, arrogante, invejoso ou tenho qualquer outro desvio de caráter: é esse ponto crucial da morte do eu.

Parece que nesse processo da morte do eu, algumas questões da vida são mais cruciais para uns do que para outros. Eu tive que aprender a matar o meu eu mais intensamente na questão da confiança em Deus. Tive que aprender, e aprendo isso um pouco mais todos os dias, a não querer ficar no controle do futuro e descansar em Deus, sabendo que ele cuidará de mim, mesmo que eu não entenda o que acontecerá ou a forma como Deus fará as coisas. Da mesma maneira, já discipulei pessoas para quem a questão mais crucial era o enfrentamento de pecados na área sexual, ou a falta de fé, a inveja, o orgulho ou o ostracismo.

O grande presente de Cristo é que, à medida que mato o meu eu, sou levado a ter um encontro com meu verdadeiro eu. A morte do eu gera verdadeira autenticidade. O meu eu autêntico só fica claro para mim quando entendo quem verdadeiramente sou, quem Cristo é e quem ele quer me tornar. O convite de Jesus era tão intenso que certa vez quase todos que o seguiam o abandonaram assim que ele disse: "Da mesma forma, qualquer de vocês que não renunciar a tudo o que

O QUE É SER DISCÍPULO DE JESUS?

possui, não pode ser meu discípulo" (Lucas 14.33). Como diz Coleman, "Jesus não tinha tempo a perder com pessoas que quisessem estabelecer as próprias condições para tornarem-se discípulos"[3]. Ele só queria pessoas que renunciassem o seu eu e se lançassem em sua direção sem reservas.

A morte do eu também tem a ver com encarar quem realmente somos de forma honesta e sincera, admitir que temos coisas "quebradas" em nós que precisam ser reconstruídas por Cristo. De algumas dessas coisas nem sempre temos consciência imediata; só as descobrimos ao longo da caminhada. Por isso, o processo de discipulado é constante, contínuo e precisa envolver outros que nos ajudem a nos compreendermos e a termos coragem de admitir o que está quebrado em nós. Toda vez que faço uma descoberta dessas, preciso ir até Cristo e dizer algo como: "Entendi que esse aspecto do meu eu precisa morrer. Decido matar isso a partir de hoje, Senhor.". Essas coisas podem me fazer sofrer, gerar sofrimento nos outros e me afastar de Cristo. A transformação é um processo, mas algumas decisões são fundamentais.

Obediência e submissão

Para muitas pessoas, ser cristão tem a ver com seguir uma lista de "pode" e "não pode", frequentar uma igreja, ofertar ou dizimar e ter certo orgulho de que irá para o céu, enquanto outras pessoas não irão... e de vez em quando a gente faz uma boa obra por aí ou convida alguém para ir à igreja. Entretanto, como já disse, ser discípulo tem a ver com manter um relacionamento com uma Pessoa, não com se adequar a uma agenda

---

[3] COLEMAN, Robert E. **O plano mestre de evangelismo**. 2. ed. São Paulo: Mundo Cristão, 2006. p. 48.

A IGREJA QUE FAZ *discípulos*

moralista ou a uma agenda prescritiva. Seguir a uma Pessoa é, de certa forma, imprevisível. O que Jesus quer fazer no meu caráter ou na minha vida depende totalmente dele. Claro que algumas coisas ficam claras na Palavra, mas outras só as descobriremos na caminhada de seguimento a Jesus.

Das coisas "previsíveis" em que precisamos obedecer a Cristo, e que também são difíceis, temos várias descritas na Palavra, como negar-se a si mesmo (Lucas 14.26), fazer o que ele manda (João 13.17), lavar os pés uns dos outros (João 13.14), ser conhecido como discípulo por amar aos outros (João 13.25), renunciar a tudo que se tem (Lucas 14.33), entre outras coisas.[4]

Essa lista do que "ser" demonstra um pouco da caminhada no aspecto de o que é obedecer a Cristo na prática. Jesus não foi subjetivo nem disse coisas abstratas a esse respeito. Ele deixou bem claro o que é ser seu discípulo. Não tenho desculpas para dizer que ele deixou a questão em aberto. A Verdade está dita de maneiras diferentes.

Coleman diz que:

> a obediência a Cristo, era, portanto, o próprio recurso pelo qual aqueles que acompanhavam o Mestre aprendiam mais sobre a verdade. Ele não pedia que os discípulos seguissem o que não soubessem ser verdade, mas ninguém que o seguisse poderia ignorá-la (João 7.17). Assim, Jesus não levou seus discípulos a se comprometer com uma doutrina, mas com uma Pessoa que era o cerne desta mesma doutrina. Só se

---

[4] Uma lista maior pode ser encontrada no livro: CAMPANHÃ, Josué. **Discipulado que transforma:** princípios e passos para revigorar a igreja. São Paulo: Editora Hagnos, 2012.

O QUE É SER DISCÍPULO DE JESUS?

continuassem em sua Palavra é que poderiam conhecer a verdade (João 8.31,32).[5]

Jesus apontou o caminho de como alguém conhece a vontade do Pai e vive essa nova condição. Ele deixou bem claras a importância e a utilidade das Escrituras, citando textos do Antigo Testamento no diálogo com os discípulos, com inimigos ou com a multidão. Há, pelo menos, 66 citações diretas ao AT registradas nos Evangelhos. Jesus citava passagens de cor, demonstrando que o texto estava vívido em sua memória e seu coração. Ele mostrou que a Palavra do Pai era direcionadora na sua forma de ver a realidade do mundo e de viver uma vida orientada pela vontade do Pai. Sua leitura das Escrituras era feita de maneira diferente dos religiosos. Sua interpretação e prática era completamente diferente daqueles que liam as Escrituras com o olhar moralista ou de forma impessoal.

Ele nos deu o exemplo para que fizéssemos o mesmo. Obedecer a Deus não tem a ver com seguir uma cartilha de regras e, sim, com base no relacionamento pessoal com o Pai, procurar conhecer a sua vontade e praticá-la. A obediência é a única maneira de experimentar o desenvolvimento de caráter de Cristo.

No mistério de Deus, ao mesmo tempo que o Espírito Santo é o grande agente da nossa transformação, nos dando fé e força para obedecer a ele, também existe nossa parcela de contribuição. E isso envolve decidir obedecê-lo: "o que se requer é obediência, é fazer o que meu Pai deseja" (Mateus 7.21, A Mensagem). Aqui se requer esforço. Como diz o autor da carta aos Hebreus, "Ora, na guerra contra o pecado ainda não

---

[5] COLEMAN, Robert E. **O plano mestre de evangelismo**. 2. ed. São Paulo: Mundo Cristão, 2006. p. 50.

A IGREJA QUE FAZ *discípulos*

tendes resistido até o extremo de derramar o próprio sangue" (Hebreus 12.4).

Nossa luta contra o pecado, decidindo obedecer a Cristo, requer um compromisso completo e incondicional. Entretanto, posso decidir obedecer a Cristo por medo do que Jesus fará comigo, caso eu não o obedeça. Esse medo pode inviabilizar a minha relação com ele, pois não há relacionamento saudável com a presença do medo (1João 4.18). Por isso, Keith Phillips nos lembra de que a base da obediência a Jesus é o amor.[6] Quando eu obedeço a Cristo por entender o amor que ele tem por mim, essa obediência é levada a outro nível de completude e abundância. Na verdade, essa é a única obediência que conta: a que é baseada no amor. Por quê? Porque não somos salvos por causa de obras, mas por causa da graça de Cristo. E a graça é a demonstração de alguém que ama. Diante desse amor, a única resposta possível também é baseada em amor. E amor não se restringe a sentimento, mas a ação.

A obediência anda de mãos dadas com a submissão e com a rendição. Enquanto a obediência tem a ver com decidir seguir o que Jesus faz, a submissão tem a ver com querer me colocar debaixo do seu senhorio e fazer a sua vontade. Certa vez, fiz uma oração que volta e meia eu repito a Deus: "Senhor, me ajuda a querer te querer". Submissão tem a ver com colocar-nos diante de Deus em uma posição de abertura para o que ele quer fazer e ter disposição real para não obedecer, simplesmente, por conta de uma necessidade ou imposição, mas porque quero responder a ele dizendo: "Sim, Deus, eu quero cumprir a tua vontade em mim".

---

[6] PHILLIPS, Keith. **A formação de um discípulo**. 2. ed. São Paulo: Editora Vida, 2008.

A submissão talvez seja ainda mais difícil do que a obediência. A obediência pode se dar por estarmos constrangidos pelo amor de Deus. A submissão, no entanto, é nos rendermos a Cristo e dizer: "Confio em ti. A tua vontade, realmente, é melhor que a minha". Tanto a obediência quanto a submissão requerem a decisão de entregar o coração a Cristo, rendendo-nos a ele. A diferença é que na submissão eu desisto de entender as *razões* e me coloco numa posição de fazer o que ele mandou, porém mais do que isso, fazer o que mandou porque acredito, confio e o amo tanto que quero segui-lo em tudo.

O convite à rendição que Jesus faz é para entregar-nos completamente a ele. Em Cristo, não existe 50% de entrega.

> Não procurem atalhos para Deus, o mercado está transbordando de fórmulas fáceis e infalíveis para uma vida bem-sucedida que podem ser aplicadas em seu tempo livre. Não caiam nesse golpe, ainda que multidões o recomendem. O caminho para a vida – para Deus! – é difícil e requer dedicação total (Mateus 7.13,14, *A Mensagem*).

Relacionamento com a Trindade

Jesus não nos convoca a um tipo de relação baseada no medo ou na exploração. Apesar de sermos convocados a renunciarmos à própria vida, seu convite é para integrarmos uma relação de amor que já existe: o relacionamento perfeito da Trindade.

E, como acontece em todo bom relacionamento, é preciso ouvir e saber conversar. Nossa relação com a Trindade está baseada nisso: na oração e no mergulho na Palavra. Jesus demonstrou isso quando disse: "Eu lhes dei o exemplo" (João 13.15). Quando vemos a sua relação com o Pai e o Espírito

A IGREJA QUE FAZ *discípulos*

Santo, vemos que ele deixou clara, diversas vezes, a importância de nos relacionarmos com eles pela oração. Jesus permitia a seus discípulos o verem conversando com o Pai. Coleman chama a atenção para o fato de que "Jesus não forçou os discípulos a aceitar a lição [da oração]. Pelo contrário, continuou orando até que seus discípulos ficassem tão desejosos a ponto de pedir ao Mestre que ensinasse a eles o que estava fazendo".[7] Jesus ensinou os princípios fundamentais da oração, falou em parábolas sobre a importância da oração, viveu uma vida exemplar de oração e, quando os discípulos já estavam prontos para assimilar essa prática em seu coração, ele os convidou a orar e a colocar em prática o que viram e ouviram[8].

Vemos ainda Jesus dando o exemplo de conhecermos a Palavra revelada das Escrituras (o Antigo Testamento) até aquele momento. Ele tinha um profundo conhecimento da Palavra de Deus e vemos pelas citações que ele a conhecia de cor. O mergulho na Palavra é muito mais que uma simples obrigação ou disciplina espiritual. É o desejo profundo de conhecer a mente e o coração de nosso Grande Amigo.

Relacionamentos saudáveis

Ser discípulo de Jesus não tem um impacto apenas na minha relação com ele. Ser discípulo tem um impacto direto nos meus relacionamentos. Na verdade, a expressão mais visível e firme de que somos discípulos de Jesus se dá na forma como a nossa relação com os outros é transformada.

---

[7] COLEMAN, Robert E. **O plano mestre de evangelismo**. 2. ed. São Paulo: Mundo Cristão, 2006. p. 70.

[8] Por mais de vinte vezes, os evangelhos chamam a atenção para a prática da oração por parte de Jesus. Ele orava em todos os momentos decisivos de sua vida e ministério, como em Lucas 3.21; Lucas 6.12; Lucas 9.29; Mateus 26.27; Lucas 22.29-46, Lucas 23.46 e em diversos outros momentos importantes.

O QUE É SER DISCÍPULO DE JESUS?

Jesus disse como seríamos reconhecidos publicamente como seus discípulos: pelo amor demonstrado pelos outros (João 13.35). Em diversos processos de discipulado dos quais participei, quem estava sendo discipulado dizia que a maior prova ou sinal de que ele estava sendo transformado era quando alguém próximo a essa pessoa dizia: "Você está mudando!", "Você é outra pessoa!".

Como você é conhecido no meio em que vive, em sua família, círculo de amigos, grupo da igreja ou do trabalho? Pelas suas ideias fortes a respeito da moralidade? Por conta da sua frequência aos cultos da igreja? Devido ao seu conhecimento a respeito da Bíblia? Pela sua formação? Pela sua posição política? Pelo quê?

Jesus, não eu, disse que a marca mais característica de um discípulo seu é a capacidade de amar. Um mulçumano, um judeu ortodoxo, um monge budista, são normalmente reconhecidos por seu estilo estético e costumes característicos. Os discípulos de Jesus não têm algo exterior que os caracterize. Os que os diferencia é a incrível capacidade de amar a todos, indistintamente. O texto de João diz que TODOS saberão que somos discípulos, não somente os que conhecem os fundamentos da minha própria fé.

Quando falo sobre capacidade de amar ou de demonstrar amor, poderíamos, mais uma vez, imaginar que devemos nos forçar para amar o outro. E isso pode ser tentado e terá um efeito benéfico, sem dúvida. Mas poderíamos cair no erro de tentar amar as pessoas apenas porque foi assim que Jesus nos ordenou. Entretanto, eu só poderei amar verdadeiramente o outro, quando entender quanto fui amado por Deus. Enquanto isso não ficar claro para mim, meu amor será sempre uma parcela pequena do Verdadeiro Amor de Cristo por nós.

A IGREJA QUE FAZ *discípulos*

Eu entendi isso quando ofendi brutalmente uma pessoa. Depois que agi daquela maneira horrível, eu acreditava que a pessoa cortaria a relação comigo e aconteceria uma ruptura definitiva. Mas a pessoa decidiu me perdoar com base no amor que ela já tinha por mim, e que não seria afetado por uma ação negativa que tive. Naquela época, eu não era capaz de fazer a outros o que ela fez por mim. E, quando ela decidiu continuar me amando, apesar do que eu fiz para ela, eu entendi um pouco mais do amor de Deus por mim.

O discípulo de Jesus é tão grato pelo amor imensurável que recebeu que ele começa a se relacionar de maneira diferente com as pessoas ao seu redor. Ele decide mudar o modo de olhar para as pessoas, assim como Jesus fez conosco. Ele decide amar as pessoas de acordo com a linguagem de amor delas,[9] porque ele não vive para si mesmo.

Dentro dessa característica, talvez algo que mais se destaca é a capacidade de perdoar. O perdão é uma demonstração de amor, não de egoísmo, especialmente quando penso que tenho a razão. O perdão é tão importante que Jesus o inclui na "oração padrão", dizendo que a medida do perdão que receberei de Deus é a medida do perdão que distribuo aos que me ofendem. E é interessante que a oração fala dessa proporcionalidade: "*assim como* perdoamos os nossos devedores". Mesmo quando entendo que o outro me deve, devo liberar perdão. Quando eu não libero perdão para o outro, eu travo o fluxo do perdão e amor do próprio Deus em minha direção. O ódio e a amargura têm efeitos colaterais e diretos no meu caráter e me afastam do caminho que

---

[9] As linguagens de amor são: tempo de qualidade, atos de serviço, presentes, palavras de afirmação e toque. Elas são descritas no livro **As cinco linguagens do amor**, de Gary Chapman.

me leva a parecer com Cristo e a ter uma vida equilibrada e saudável.

Outro fator importante dessa característica de Jesus é que, quando busco estabelecer relacionamentos saudáveis com outras pessoas, da maneira como Jesus busca, posso descansar nele e isso me permite considerar que as pessoas ao meu redor não precisam ser perfeitas. Entendo que nem mesmo eu sou perfeito e, por isso, não devo exigir que os outros sejam. Posso me libertar da necessidade de ter que mudar a todos e a querer que as coisas aconteçam exatamente como eu quero.

Ao contrário de querer conformar as pessoas ao meu padrão, ser discípulo tem a ver com ser instrumento de graça em qualquer oportunidade do meu cotidiano, a levar graça e o amor de Cristo a quem se aproxima de mim.

Missão

O discípulo quer se parecer com seu Mestre, mas não só nos aspectos do seu caráter, como também compartilhar a sua cosmovisão sobre a realidade. E, conhecendo a maneira como o seu Mestre pensa e enxerga o mundo, o discípulo poderá entender a razão de Jesus ter uma compreensão tão clara a respeito da sua missão e de por que ele fazia o que fazia: "Eu te glorifiquei na terra, completando a obra da qual me encarregaste" (João 17.4). A missão de Jesus não era uma lista de obrigações para com o Pai, mas estava fundamentada no completo engajamento com a verdade dessa causa, a ponto de dar a sua própria vida por isso.

O discípulo que vê as coisas como Jesus via, também entenderá que foi chamado para fazer a vontade do Pai. Em Efésios 2.10 lemos que Paulo ressalta o seguinte: "fomos feitos por ele, criados em Cristo para as boas obras, previamente preparadas

A IGREJA QUE FAZ *discípulos*

por Deus para que andássemos nelas". Meu papel não é apenas receber de Deus e ter a vida melhorada naquilo que é importante para mim e para as pessoas próximas de mim, a quem amo. O discípulo de Jesus é engajado na missão do Reino.

E o que é ser engajado na missão do Reino? É, em primeiro lugar, entender o que é o Reino, depois o que é missão e, por último, descobrir a sua própria maneira de engajamento.

Reino é mais amplo que Igreja. Reino é o espaço da dimensão em que o Rei reina: todo o universo conhecido e desconhecido. Como vimos na análise de Mateus 28.18, toda a autoridade foi dada a Cristo em todo lugar. Ele é Rei de direito, mas não de fato. Ele reina, mas ainda existe uma boa parcela da realidade que não se submete a ele, pelo menos por enquanto. É o famoso "já, mas ainda não". Jesus já reina, pois ele é Senhor e atrai todos para si. Mas ele ainda não reina por completo, o que só acontecerá quando ele voltar para implantar o Reino plenamente.

A missão do Reino tem a ver com a nossa participação como cooperadores de Deus no processo de atrair todos para ele. A missão do Reino é fazer discípulos, mas numa perspectiva ampla, que equivale não somente a levar as pessoas a se tornarem discípulos de forma imediata, mas a permanecerem e a crescerem como discípulos que impactem outras pessoas e o mundo com seu estilo de vida. Cada pessoa tem seu chamado de forma específica dentro dessa grande missão. Descobrir e viver de forma intencional o seu chamado é o convite de Deus para todo discípulo.

História DA IGREJA VIDA NOVA

Depois de trabalharem o capítulo sobre o que é ser discípulo, o pr. Antônio se reuniu com o João e pesquisaram qual seria o melhor material a ser utilizado com o grupo de trabalho. Depois de uma semana de pesquisas e oração, decidiram por um livro e compraram uma unidade para cada pessoa do grupo. No domingo seguinte, eles entregaram os livros para o grupo e definiram que na semana seguinte mergulhariam no primeiro capítulo do material. Decidiram, também, que haveria um grupo para os homens e um grupo para as mulheres.

Logo no primeiro encontro, no grupo dos homens, Ricardo demonstrou que estava abalado com o que estava lendo e refletindo a partir da sua própria vida. Ele percebeu que algumas características do discípulo, conforme havia lido, ainda não eram verdade em sua vida. Ele abriu o coração e contou por que isso era um grande desafio para ele. João ficou bem surpreso com a abertura do Ricardo. Nesse dia, praticamente só ele teve coragem de se abrir com o grupo.

Nos encontros seguintes, "algumas fichas começaram a cair" na vida do João e ele começou a revelar aspectos do seu caráter que precisavam ser mais bem trabalhados. Mas ele fez isso aos poucos. Às vezes ele usava uma linguagem tão abstrata para falar de suas dificuldades, que o grupo tinha dúvidas sobre do que, exatamente, ele estava falando. Desde o começo o pr. Antônio disse que seria transparente com o grupo, mas na prática ainda estava tocando na superfície. Foi só da metade para a frente do mergulho no livro que ele começou a ser mais sincero sobre suas lutas e dificuldades em praticar o Evangelho.

O sr. Domingos se manteve calado durante muitos encontros, mas o Espírito começou a mexer algumas coisas em sua perspectiva e em seu coração.

No grupo das mulheres, a maioria não tinha dificuldade para falar. Maria, que ficou como facilitadora do grupo, encontrou dificuldade de fazer todas se focarem no tema que conversavam a cada encontro. Alice se mostrou muito sincera e, quando estava no grupo, constantemente refletia sobre as verdades que fizeram sentido para ela. Mas, à medida que falava, outros aspectos relacionados à vida começavam a fazer sentido e ela os compartilhava. Em alguns momentos, Maria tinha que intervir para a Alice não monopolizar todo o tempo do encontro. Amanda, por outro lado, apesar de ser transparente, era a mais sintética possível. Maria tinha impressão de que ela, na verdade, ainda não tinha revelado alguns pecados ocultos que estavam por trás daqueles sobre os quais ela falava.

Ao final de dois meses trabalhando profundamente o livro escolhido, todos se reuniram e compartilharam os principais ganhos que haviam tido e como refletir sobre isso havia mudado a forma como se viam, como viam a Cristo e a caminhada de seguimento a ele. No final do encontro, Ricardo expirou como um alívio: "Agora eu entendi melhor o que é ser discípulo de Jesus! Não estou vivendo tudo ainda, mas entendi o que é ser intencional na minha jornada de seguimento a Cristo!".

O QUE É SER DISCÍPULO DE JESUS?

TAREFA DO GRUPO DE TRABALHO

A sugestão é que você e seu grupo de trabalho tenham uma pequena vivência de um dos passos do discipulado. Marquem alguns encontros para aprofundarem o que foi trabalhado neste capítulo. Em vez de trabalharem todo o conteúdo de uma só vez, mergulhem nessas verdades por vários encontros, até entenderem que ele verdadeiramente trouxe uma mudança na forma como vocês lidam com tais verdades em sua própria vida.

Ao conversarem sobre este capítulo, reflitam e discutam a partir de perguntas como as que seguem:

- O que a leitura deste trecho do livro despertou em você?
- Quais verdades precisa começar a viver?
- O que tem impedido você de avançar na sua caminhada de seguimento a Jesus?
- Em que precisa ser transformado para se parecer mais com Cristo?
- Em quais relacionamentos você precisa fazer mudanças para expressar mais o amor de Cristo?

MATERIAL ADICIONAL

Além deste capítulo, sugiro que façam uma vivência de discipulado com algum outro livro, a fim de trabalharem com mais profundidade o que é ser um discípulo. Seguem os títulos de alguns livros sugeridos para essa experiência:

A IGREJA QUE FAZ *discípulos*

1. *A formação de um discípulo*[10] (Partes I e II, pelo menos), Keith Phillips
2. *O discípulo radical,*[11] John Stott
3. *O evangelho maltrapilho,*[12] Brennan Manning
4. *O discípulo,*[13] Juan Carlos Ortiz

Cada livro tem características e abordagens próprias. Dependendo do seu público, cada opção terá suas vantagens e pontos fortes. Existe um Guia de Estudos em português do primeiro livro (*A formação de um discípulo*), que pode ser muito útil e auxiliar seu grupo no aprofundamento desse material. Ele é publicado pela *Envisionar*.

Uma forma de trabalhar essa vivência é organizar seu grupo de trabalho em dois grupos menores, sendo um para homens e outro para mulheres. Isso facilitará a abertura e a vulnerabilidade. Se for necessário, vocês podem fazer um acordo de confidencialidade no início do grupo, a fim de incentivar o compartilhamento das pessoas.

Não existe um tempo certo, mas a vivência pode durar entre oito e doze semanas, dependendo do tamanho do material e das características do grupo.

---

[10] **PHILIPS, Keith W. A formação de um discípulo. 2. ed. São Paulo: Editora Vida, 2008.**

[11] STOTT, John. **O discípulo radical.** Viçosa, MG: Editora Ultimato, 2011.

[12] MANNING, Brennan. **O evangelho maltrapilho**. São Paulo: Mundo Cristão, 2005.

[13] ORTIZ, Juan Carlos. **O discípulo**. Belo Horizonte: Editora Betânia, 2007.

Implantando o discipulado

INTRODUÇÃO

A partir de agora, o objetivo é ajudar você, seu grupo de trabalho e sua igreja a aplicarem as definições e compreensões que tiveram sobre discipulado em um projeto de implantação na igreja. Tudo o que foi conversado e apresentado servirá de base para as próximas etapas.

As próximas etapas sugeridas procurarão responder às perguntas desafiadoras:

1. A quem discipular?
2. Como desenvolver as trilhas de discipulado?
3. Quais são as estratégias de cada passo do discipulado?
4. Quais materiais escolher e utilizar?

É importante que você e seu grupo de trabalho não caiam na tentação de pular etapas. Elas foram pensadas e construídas considerando essa ordem de trabalho. Se uma etapa for realizada antes da seguinte, isto é, pulando a ordem, há um grande risco de enviesarem o processo de definição ou construírem algo que não foi fundamentado numa etapa anterior. Se isso acontecer, em algum momento, algo terá que ser retrabalhado.

Eu sei que pode dar a impressão de que algumas etapas atrapalharão vocês de chegarem às definições que "realmente importam".

A IGREJA QUE FAZ *discípulos*

Mas eu peço que deem um voto de confiança de que cada etapa é importante.

Depois de segunda parte do livro, algumas respostas ainda ficarão em aberto, mas muitas delas serão respondidas na Parte III, que é quando a igreja começará a fazer ajustes para focar no discipulado. Dê um passo de cada vez e, aos poucos, as definições e caminhos ficarão mais claros.

Mais uma vez, um lembrete que não custa reforçar: não defina nada sozinho! Construa isso com seu grupo de trabalho, debaixo de muita oração, a fim de que tudo o que for decidido faça sentido para todos.

Capítulo 3 A QUEM DISCIPULAR?

Normalmente, como foi dito na Parte I, em muitos meios cristãos limitou-se o discipulado a um grupo específico de pessoas: os novos na fé. Tradicionalmente, diversos líderes e membros de igreja entendem o discipulado como algo para os iniciantes na caminhada com Cristo. Apesar de ser verdade que quem está dando os primeiros passos na fé precisa aprender e viver a experiência de ser discípulo de Jesus, pessoas que já se intitulam crentes ou cristãos maduros também precisam aprender diariamente a ser discípulos de Jesus. Então, na prática, todos precisam ser discipulados, desde aqueles que ainda não conhecem a Cristo, até aqueles que estão em uma jornada de relacionamento com ele, pois todos estaremos, pelo restante de nossa vida, num processo de crescimento de fé.

Entretanto, obviamente é verdade que as pessoas estão em estágios de crescimento de fé diferentes umas das outras. Isso exige um processo de crescimento de fé específico para cada momento de nossa vida. Esse aspecto nos levará, invariavelmente, à conclusão de que temos grupos em momentos diferentes no decorrer da caminhada cristã.

Assim, o primeiro passo no processo de implementação do discipulado será definir quem são os grupos de pessoas

A IGREJA QUE FAZ *discípulos*

alvo do processo de discipulado. Cada grupo terá suas características e uma trilha de discipulado próprias. Em algum momento, elas poderão ter pontos em comum e uma trilha poderá desembocar em outra. Mas será preciso perceber com clareza as diferenças entre esses grupos, a fim de serem assertivos e eficazes.

Jesus e os apóstolos sabiam lidar com essas diferenças e discipulavam as pessoas de acordo com o seu estágio de crescimento da fé. O texto de Marcos 4.33 confirma isso: "E dirigia-lhes a palavra com muitas outras parábolas como essas, *conforme conseguiam compreender*" (Almeida Século XXI), ou, como diz a versão NVI, "[...] tanto quanto podiam receber", ou "conforme permitia a capacidade dos ouvintes" (ARA). Jesus elaborava e apresentava suas parábolas para que fossem compreendidas pelas pessoas que as ouviam. Ele adaptava sua palavra de acordo com o público.[1] Jesus era um exímio mestre na arte da contextualização. E, para fazer isso, ele conhecia muito bem as pessoas, o que pensavam, como viviam, como lidavam com a religião judaica etc. Esse é um importante aspecto do seu trabalho, porque definir e conhecer os grupos ajudará nos passos seguintes de definição da trilha de discipulado, metodologia, materiais etc.

Se olharmos para as igrejas no Novo Testamento, veremos que existiam seguidores de Jesus que ainda estavam tomando o leite da fé (dando os primeiros passos), enquanto outros eram maduros (e recebiam exortação de uma forma diferente). Também existiam aquelas pessoas que já desenvolviam seus dons

---

[1] FARIA, Thiago Bernardo Fernandes e. **As parábolas de Jesus como um momento de experiência e decisão para os seus interlocutores**. Dissertação de mestrado em Teologia. Curitiba: FTBP, 2015. p. 61.

espirituais e, de alguma forma, lideravam a igreja. Quando Paulo escrevia para um líder (Timóteo ou Tito, por exemplo), ele trazia ensinamentos e exigências numa abordagem diferente de quando fazia isso para pessoas que tinham iniciado a jornada na fé havia pouco tempo.

Olhando para a realidade das igrejas do nosso tempo, vemos grupos de pessoas muito parecidos com os grupos do NT, e outros que são reflexos do nosso tempo, como os grupos com pessoas que vão às igrejas, que aparentemente já se tornaram cristãos, mas vieram de outras igrejas ou movimentos cristãos.

Normalmente quando falo sobre isso a alguns líderes, noto como rapidamente concordam com essa realidade da diferenciação de grupos. Concordam que esse aspecto exige um tipo diferente de abordagem, de metodologia, de conteúdo e de estratégias para cada um. Entretanto, não é o que se vê na forma com as igrejas praticam o discipulado. Na prática, na maioria dos casos, tem-se um início "básico" para quem está começando na fé, e depois todos são soltos num "caldeirão comum", no qual cada um terá que aprender a crescer na fé com pessoas diferentes e que apresentam compreensões igualmente diferentes da prática da fé. Isso não quer dizer que não haverá diversidade nem heterogeneidade em um grupo, pois haverá e muita! O que quero dizer é que existem diferenças significativas entre uma pessoa que está em um estágio inicial da fé e alguém que já é maduro.

Por isso, compreender quem é o público a ser alcançado em todos os grupos existentes será relevante para a implementação de um processo de discipulado que seja real e saudável para a sua igreja. Como Robert Coleman relembra diversas vezes em seus escritos, as pessoas eram a base do método de Jesus. Se o seu método não iniciar a partir das pessoas, ele não terá êxito, com toda a certeza.[2]

Grupos

De modo geral, observamos que a maioria das igrejas possui pelo menos os seguintes tipos de grupos frequentando suas atividades normais ou se relacionando com elas:

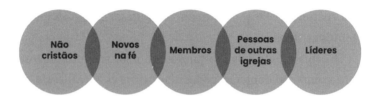

Cada grupo pode conter subgrupos específicos, como membros que frequentam a igreja há décadas e membros que acabaram de se batizar. Também é possível ter pessoas que servem na liderança e pessoas que são líderes de líderes. E assim sucessivamente. No entanto, não se preocupe em dissecar todos os subgrupos possíveis em cada grande grupo. O mais importante, no primeiro momento, é definir quais são os grandes grupos que vocês percebem na sua igreja ou grupos que pretendem alcançar.

Esses grupos apresentados não serão os únicos possíveis. Por isso, a tarefa do grupo de trabalho é identificar quais são os grupos que vocês observam hoje em sua igreja ou definir os grupos que gostariam de alcançar. Vocês também podem nomear

---

[2] COLEMAN, Robert. **Plano mestre de evangelismo**. São Paulo: Mundo Cristão, 2017. p. 16, 108.

os grupos de forma diferente. Fiquem tranquilos, pois isso poderá mudar no futuro e é muito provável que mude! Portanto, façam a melhor análise que puderem a cada momento.

Uma metáfora útil para compreender a realidade da diversidade dos grupos é entender a igreja como uma grande floresta. Cada grupo de pessoas são tipos diferentes de árvores em estágios de vida distintos.

O trabalho de discipulado com os novos na fé tem a ver com jogar sementes e começar a regá-las. Quando a pessoa se converte e se torna discípulo de Jesus, pode ser integrada como membro de uma comunidade em determinado momento e continuará o processo de crescimento na fé. O discípulo que já faz parte da comunidade não para de crescer na fé. A pessoa que vem de outra comunidade precisa ser enxertada nessa comunidade de árvores, e passa a compartilhar do mesmo ambiente (com seus recursos) com as demais pessoas. A pessoa que já caminha com Cristo não deve parar de crescer e, ao mesmo tempo, influenciar a outros na sua caminhada espiritual.

Tendo entendido isso, a partir de agora falarei sobre cada um desses grupos comuns à maioria das igrejas.

Não cristãos: sementes plantadas

Esse grupo é formado por aquelas pessoas que ainda não participam no poder do Evangelho e ainda não são discípulas

A IGREJA QUE FAZ *discípulos*

de Jesus. Elas também devem ser alvos do processo de discipulado intencional. A comparação com sementes plantadas não é por acaso. O trabalho de plantação de sementes nem sempre é tão óbvio para as pessoas e segue um roteiro simples ou predefinido. Como vemos na Parábola do Semeador, muitas sementes são lançadas em solos diferentes. O trabalho de plantação deveria levar em conta o tipo de solo, que representa o tipo de coração do ser humano.

Esse talvez seja o grupo que tenha o processo de discipulado menos óbvio de estruturação e multiplicação. Cada pessoa tem um caminho próprio para o crescimento. O trabalho do Espírito Santo nesse processo é convencer o ser humano do seu pecado, da justiça e do juízo. E cada um tem seu próprio processo de abertura de coração, que poderá ser receptível ou não ao movimento inicial do Espírito. O que fazemos é criar o ambiente para que a pessoa seja despertada, dando o nosso testemunho (verbal ou não verbal), que servirá como referência para o seu próprio processo de conversão ao se tornar discípula de Jesus. Não dá para dizer que, se fizermos isso ou aquilo, a pessoa se converterá. Não funciona assim e, provavelmente, você sabe muito bem disso.

Como um grande grupo, aqui também pode ser encaixado um subgrupo de pessoas que abandonaram a fé e que não estão em um relacionamento intencional com Cristo. De certa forma, elas precisam ser engajadas em um relacionamento discipulador para se tornarem discípulas verdadeiras de Jesus. O processo com elas será menos multiplicável, ou seja, não haverá uma receita pronta para ser aplicada a todos.

Os novos na fé: sementes germinadas

O novo na fé se refere àquela pessoa que conheceu a Jesus recentemente, provavelmente se convertendo em algum contexto ou ambiente da sua igreja. Esse integrante novo na fé será um terreno mais "virgem", no qual poderá ser desenvolvido o processo de discipulado. Ele terá uma visão sobre relacionamento com Deus e o que é ser cristão, e isso provavelmente diferirá dos demais membros da igreja. Por isso, o processo com ele terá algumas distinções necessárias. Claro que ninguém é uma "carta em branco", pois trazemos perspectivas espirituais e cosmovisões diferentes uns dos outros. Entretanto, ele não terá certos "vícios" que por vezes o membro da sua igreja desenvolveu ao longo dos anos.

Um dos maiores desafios para a igreja é decidir quais verdades e vivências são necessárias no início da caminhada de uma pessoa nova na fé. Muitas igrejas querem dar uma enxurrada de informações bíblicas, eclesiológicas e até teológicas para uma pessoa nova na fé. Entretanto, é importante iniciar o processo com a base: o que é ser um discípulo de Jesus. Se essa base for bem estabelecida, daí em diante muito poderá ser feito, aos poucos, com maior fluidez.

Outro fato importante é não querer impor uma agenda moralista para o novo na fé. Muitas pessoas se convertem e se assustam com a quantidade de mudanças que dizem que elas precisam fazer para se tornarem legítimos discípulos de Jesus. O problema é que essas mudanças nem sempre têm a ver com "mudança de coração" e "prática de vida" e, sim, com evidências que ainda demorarão um tempo para entenderem e se ajustarem.

A analogia com a plantação de árvores ajuda a entender que essa é uma fase crítica. A semente pode germinar, mas o

A IGREJA QUE FAZ *discípulos*

trabalho ainda não acabou. Muitas coisas podem matar essa pequena árvore: sol, excesso de água, espinhos etc. Assim como na Parábola do Semeador, muitas sementes germinam, mas não vingam por causa do ambiente. O trabalho do discipulado tem a ver com criar um ambiente propício para que a pequena planta cresça e se torne uma árvore frutífera.

Os membros: as árvores que crescem

Os membros atuais são aquelas pessoas que já fazem parte da sua comunidade e frequentam a igreja há algum tempo. Podemos ter nesse grupo pessoas que são discípulos de Jesus e pessoas que apenas são frequentadores da igreja. É muito provável que esse grupo seja bastante eclético. E também é provável que boa parte dessas pessoas nunca tenha sido discipulada (pelo menos, esse é o cenário em boa parte das igrejas que conheço). O primeiro passo, então, será identificar a porcentagem desses membros/frequentadores da igreja que foram discipulados e qual a compreensão que eles têm do que é discipulado e de ser discípulo de Jesus.

Em seguida, o desafio será discipulá-las. E, provavelmente, esse será o grupo inicial com o qual vocês trabalharão. Esse também pode ser o grupo com maior volume de pessoas de sua igreja, e inevitavelmente será um grupo relevante para ser trabalhado e útil no discipulado dos demais, posteriormente.

É muito diferente discipular uma pessoa nova na fé e um membro de igreja. Os dois possuem pontos de partida distintos. O membro atual, que não foi discipulado e ainda não tem ideia do que seja isso, precisará ser discipulado por meio de um processo mais enérgico e impactante, para que a sua visão de relacionamento com Deus seja transformada. Para romper

A QUEM DISCIPULAR?

a sua compreensão, muitas vezes uma visão religiosa a respeito do Evangelho, será preciso trabalhar pontos cruciais de modo que ele perceba o caminho de seguimento a Jesus que precisa trilhar.

O texto de Mateus 3.8 diz algo que precisará ser desenvolvido com esse grupo: "Deem fruto que mostre arrependimento". Na verdade, é possível notar que muitas dessas pessoas, nunca se converteram de verdade. O desafio, assim como foi o de João Batista ao influenciar pessoas já religiosas, é impactá-las com o fato de que precisam viver a prática da verdade. Muitas delas têm algum conhecimento ou muita informação a respeito de Deus ou da Bíblia, mas pouca transformação do coração. O desafio do discipulado nesse grupo será a transformação intensa da forma como veem a Deus e como o relacionamento com Cristo tem relação com seu dia a dia, suas relações e a luta contra o pecado.

Os membros são as árvores que já nasceram. Algumas dessas árvores podem estar crescendo, outras podem estar raquíticas, outras podem ter nascido com uma grave deformação, por não terem seguido o curso natural previsto no DNA da semente. Os motivos para o não crescimento são vários. O que importa, agora, é levar essas árvores a crescerem, dando a elas o adubo, água e cuidados necessários.

Pessoas de outras igrejas: mudas de outras florestas

O trânsito religioso é cada vez mais comum nas igrejas cristãs. Pessoas de outras igrejas que chegam até sua igreja trazem uma enorme bagagem sobre o que é ser cristão, o que é igreja e como funcionam as coisas. Essas pessoas começam a frequentar

A IGREJA QUE FAZ *discípulos*

a sua igreja e a influenciar o que acontece por lá. Algumas (ou muitas) dessas pessoas talvez nunca tenham sido discipuladas ou, se foram, não passaram necessariamente por um processo de discipulado do modo como vocês acreditam que deva ser. Elas se constituem um grupo alvo de discipulado e o processo com elas passa por serem discipuladas.

Um dos desafios com esse grupo é convencê-los de que precisam ser discipulados. Muitos têm a compreensão (assim como os membros) de que já são crentes maduros e não estão dispostos a aprender questões que talvez considerem básicas. Entretanto, o enfoque com esse grupo deverá ser a prática de vida, não o conhecimento.

Trazer uma árvore ou uma muda de outra floresta, que estava plantada em outro ambiente, em uma terra diferente, é um desafio. Essa muda terá que se adaptar ao novo solo. A floresta precisa, ao mesmo tempo, ser acolhedora e repassar o seu DNA para a nova planta.

Líderes: árvores maduras que crescem e dão frutos

Líderes são como os demais membros da igreja: precisam continuar a ser discipulados. O líder que não entende que precisa permanecer no processo de seguimento de Jesus ainda não é uma árvore madura. Além disso, os líderes necessariamente dão frutos: eles influenciam outros em seu processo de crescimento na fé. Cada um tem a sua forma, dom e estilo de influenciar o crescimento dos outros, mas líderes maduros contribuem para o crescimento da floresta, seja gerando novas árvores, seja contribuindo intencionalmente no processo de crescimento de outras árvores.

A QUEM DISCIPULAR?

Para apoiar o crescimento dos líderes da igreja, é necessário ter um processo que apresente algumas peculiaridades. O que é necessário para cuidar de uma árvore madura difere do que precisamos para cuidar de uma árvore que está iniciando a sua vida. Normalmente, os líderes são esquecidos pelo processo de discipulado da igreja, pois se imagina que eles sejam maduros o suficiente para seguirem sozinhos no seu aprendizado. Mas todos precisam de auxílio em seu crescimento de fé.

Eu disse que talvez o grupo prioritário seja o grupo de membros da igreja. Os líderes, como membros da igreja, são os primeiros dentro desse grupo prioritário, pois eles são referência na igreja e influenciam todos os demais.

O processo de crescimento

Não podemos, jamais, nos esquecer, como disse Paulo, de que cada pessoa pode atuar em uma parte do crescimento dessas árvores, mas quem dará o crescimento é o próprio Deus (1Coríntios 3.6). Com essa afirmação, entendemos que nem todas as pessoas irão atuar em todos os estágios do crescimento da fé de alguém, necessariamente. Um conjunto de pessoas pode participar desse processo. E todas essas pessoas serão instrumentos do próprio Deus no processo de crescimento da fé dessa semente ou árvore.

De acordo com Efésios 4.11-13, todos nós ("os santos") temos um papel fundamental ao levar as pessoas ao conhecimento de Deus, ao ponto de se tornarem como Cristo. E, quando Paulo cita os cinco dons nesse capítulo, parece que eles funcionam como funções ministeriais: apóstolos, profetas, evangelistas, pastores e mestres. Alguns entendem que as

A IGREJA QUE FAZ *discípulos*

atribuições ministeriais de "pastor" e "mestre", na verdade, funcionam como uma única função (pastor-mestre), devido à conjunção no texto em grego e à perspectiva de que, no processo de discipulado, não basta apenas ensinar, é preciso acompanhar a pessoa até que ela chegue à prática da verdade, à maturidade no amor de Cristo. No entanto, se o texto se refere a quatro ou cinco dons, o que fica mais claro é que todos participamos do processo de crescimento das pessoas na fé.

Definindo as *personas* da sua igreja

Depois de definir quais são os grupos alvo da sua igreja, é hora de identificar as *personas*. A *persona* é a representação de um grupo de pessoas e ela nos ajuda a compreender melhor quem é essa pessoa com a qual queremos nos conectar e a qual queremos discipular. O objetivo de elaborar essa definição é compreender as características reais de uma pessoa típica, daquele grupo de pessoas, e criar empatia por ela, por suas dores e necessidades. A criação da *persona* é importante nesse processo, pois ajudará vocês a terem maior clareza sobre quem são as pessoas da igreja e como alcançar o coração e a mente delas.

Para desenvolver uma *persona*, é preciso pensar nos seguintes aspectos sobre ela:

- Quem é ela? Quais são as suas características?
- Qual é o nome dela? Qual a sua idade? Onde mora?
- Quais são as suas necessidades?
- Quais são os seus medos, frustrações e obstáculos?
- O que pensa sobre o evangelho?
- O que pensa sobre a igreja?
- Já foi discipulada?
- Como chegou à igreja?

A QUEM DISCIPULAR?

- Qual a trajetória de fé mais comum dessa pessoa?
- Como estabelecemos uma conexão e discipulado com ela?

Não se esqueça, no entanto, de que vocês precisam responder a essas perguntas considerando o ponto de vista da própria pessoa sobre si em relação às perguntas.

Cada grupo poderá, assim, ter uma *persona* diferente. Vou dar o exemplo da *persona* de um típico membro de uma igreja.

PERSONA — MEMBRO DA IGREJA

Quem é?	O que **pensa** sobre seu amadurecimento espiritual?
 João da Silva Homem 53 anos Casado 2 filhos jovens **Como chegou até a igreja?** Chegou há mais de 20 anos por influência da esposa que já era convertida.	• Considera-se maduro na fé. • Acredita que conhece bastante sua fé e a Bíblia. • Parou de crescer na fé há muito tempo. • Entende que o pastor e os professores da EBD são os responsáveis por ajudá-lo a crescer na fé. • Tem uma postura consumista em relação a "conteúdo" e "alimento" que é dado na igreja todo domingo.
	O que **sente** em relação ao seu envolvimento com a fé e com a igreja local? • Sente-se acolhido pela igreja, mas sente que poderia se envolver um pouco mais. • Sente que é uma pessoa comprometida, mas sabe que algumas coisas não foram trabalhadas em sua vida. • Percebe que faltam algumas coisas na sua compreensão da fé, mas tenta não pensar nelas.
	Quais as **necessidades** sobre seu próprio amadurecimento espiritual? • Precisa de acompanhamento para se tornar discípulo e discipulador. Percebe que não consegue fazer isso sozinho. • Percebe que precisa aprender na prática como é ser um discípulo de Jesus no mundo. Tem medo de falar de Cristo ou discipular outros, pois não se vê completamente preparado para isso. • Precisa aprender como crescer na fé, pois não sabe como se faz isso. Sabe que precisa ler e estudar a Bíblia, mas sente que está travado em aplicar o que já sabe em sua própria vida.

101

A IGREJA QUE FAZ *discípulos*

A partir disso, o trabalho do seu grupo de trabalho será criar a *persona* de cada grupo. Pode parecer trabalhoso, mas, depois que pegarem "o jeito", verão como será fácil e divertido! Não copie essa *persona*. Façam o trabalho do zero, pensando na realidade de vocês. A partir do momento em que tiverem definido as *personas*, vocês poderão se referir a elas quando estiverem pensando na trilha de discipulado para cada uma delas. Esse será um exercício de empatia, conexão e, ao mesmo tempo, muito útil para a construção de todas as próximas etapas. Façam as perguntas sugeridas e outras que julgarem necessárias, a fim de que compreendam verdadeiramente quem é cada *persona*.

No encontro para conversar sobre o capítulo 3, João agendou com o grupo de trabalho um tempo maior para refletirem e começarem a desenvolver algumas definições para a igreja. Foi um dia intenso e que todos acharam ser muito produtivo.

História DA IGREJA VIDA NOVA

Logo de cara, Maria disse ser provável que todos os grupos que foram apresentados no capítulo poderiam ser alvos do discipulado da igreja, mas ela não sabia se dava para trabalhar com todos de uma só vez. Ricardo concordou e comentou que talvez pudessem escolher focar em alguns quando começarem a implementação, pois o desafio seria muito grande. Depois de um tempo debatendo isso, todos chegaram à conclusão de que pensariam em quais seriam os grupos possíveis, como nomeá-los e fazer o trabalho com as *personas* de todos os grupos, mas combinaram fazer uma lista de prioridades para saber em quais trabalhariam primeiro, e depois colocariam no planejamento trabalhar com os outros grupos no futuro.

O pr. Antônio admitiu com o grupo que não tinha atentado para as coisas dessa maneira, e à realidade de que existiam pessoas em momentos diferentes da caminhada cristã. Ele disse que sabia que as pessoas têm estágios de crescimento da fé distintos, mas que não tinha pensado no detalhe de como a igreja poderia ajudar a cada grupo crescer na fé.

Alice lembrou que tinha reparado que muitas pessoas estavam vindo de outras igrejas da região, mas que vinham de contextos diferentes e muitas vezes achavam as coisas estranhas na igreja dela. Pensando sobre isso, ela chegou à conclusão de que, talvez, devessem pensar um acompanhamento para essas pessoas, mas diferente daqueles que são novos na fé, pois quem vem de outra igreja tem uma percepção do Evangelho e do Reino diferente das pessoas que se converteram há pouco tempo.

Depois de falarem sobre isso, decidiram começar criando a primeira *persona*: a do membro. Curiosamente, sr. Domingos, que estava mais resistente a isso, começou a descrever essas pessoas com facilidade, pois ele as conhecia muito bem. O grupo conseguiu criar sra. Maria como a *persona* principal, pelo fato de haver muitas mulheres na igreja. Mas a Maria do grupo quis deixar bem claro que ela não era como a *persona* Maria. Na verdade, quando o grupo leu a definição final de quem era a sra. Maria, percebeu-se um certo desapontamento com algumas conclusões sobre o membro típico da igreja.

Amanda, que era uma das pessoas mais criativas do grupo, resolveu criar um desenho da Maria, do qual gostaram muito. Depois de criarem a primeira *persona*, todos se empolgaram e decidiram criar mais duas *personas*: a do novo na fé e a do líder. Como já tinham entendido o processo, acharam fácil repetir o procedimento com essas duas *personas*. No encontro seguinte, concluíram as *personas* e produziram as folhas relativas a cada uma.

Na oração de fechamento João confessou: "Achei que não daríamos conta! Mas até aqui, percebi que é possível trabalharmos juntos e pensarmos em coisas que nunca imaginei".

A QUEM DISCIPULAR?

TAREFA DO GRUPO DE TRABALHO

Trabalhem juntos nas questões a seguir e registrem os principais pensamentos:

1. Quais são os grupos que existem em nossa igreja?
2. Quais são os grupos que queremos alcançar?
3. Quais são as *personas* de cada um desses grupos?

Orem pedindo a orientação do Espírito Santo sobre essas definições, para que ele lhes dê clareza sobre tudo isso.

Capítulo 4

COMO DESENVOLVER AS TRILHAS DE DISCIPULADO?

Vocês já identificaram quais são os grupos que precisam ser discipulados. Qual será o próximo passo? Propor um caminho básico de discipulado para eles. Cada grupo terá o seu caminho com as peculiaridades e os passos bem definidos. Chamamos isso de *trilha de discipulado*.

Cada grupo terá uma trilha de discipulado específica, com passos definidos para levá-los ao crescimento em fé e em maturidade espiritual. Como foi dito no início do livro, é preciso se lembrar que o crescimento na fé é um processo, por isso, ele precisa ter um caminho por onde seguir. Isso não significa que todas as pessoas crescerão juntas, do mesmo jeito, no mesmo ritmo, e alcançarão os mesmos níveis espirituais ao mesmo tempo. A caminhada cristã é um processo dinâmico e cada um tem um ritmo e um conjunto de desvios de caráter para tratar. A Parábola do Semeador, mais uma vez, deixa claro que a produção de frutos é diferente. Algumas sementes produzem 30, outras 60 e outras, 100 frutos.

A IGREJA QUE FAZ *discípulos*

Ora, se é assim, como podemos sugerir uma trilha para um grupo tão diverso?

Para responder a essa pergunta, precisamos olhar, mais uma vez, para o nosso mestre Jesus. Ele discipulou um grupo de doze pessoas de maneira intencional e consistente, através do seu próprio processo de discipulado. Quando trazia um ensino vivencial por meio de uma parábola, ele o fazia para todo o grupo. Jesus não criava uma parábola só para Pedro ou uma só para João. Ele tinha em mente um público específico, mas amplo, como os discípulos ou os mestres da lei. Aquele ensino vivencial era criado pensando nas necessidades de crescimento da fé de um grupo de pessoas. Então, podemos dizer que é possível desenvolver um caminho de vivência da fé pensando no grupo.

Entretanto, o que Jesus fez não se resumiu a isso. Ele não apenas discipulava aquelas pessoas; ele tinha um trato pessoal e específico e fez isso em diversos momentos, como quando respondeu a questões de Tomé, Pedro, João e outros discípulos e pessoas interessadas em segui-lo, como o jovem rico ou Nicodemos. Além disso, ele adaptava a verdade do Reino para a prática na experiência de vida de cada um, sempre que via a necessidade. Assim, deve-se desenvolver uma trilha de discipulado considerando ou pensando no grupo, mas sempre adaptada à realidade específica da pessoa, seja pelo seu discipulador, seja por um líder que está acompanhando o desenvolvimento daquela pessoa.

Na realidade da igreja, é necessária a criação da trilha para que seja possível criar unidade de pensamento e prática. Isso deve considerar a vida em questões essenciais do Evangelho, da vida cristã e da perspectiva de cristianismo e do Reino daquela comunidade. É improvável que uma igreja

COMO DESENVOLVER AS TRILHAS DE DISCIPULADO?

consiga implementar um processo de discipulado se não tiver uma trilha básica para levar as pessoas a serem desenvolvidas.

A trilha nada mais é que uma viagem a um destino visualizado. Para chegar àquele destino, procura-se o melhor caminho possível. Esse caminho parece ser o melhor e normalmente é o que a maioria das pessoas faz. Entretanto, em alguns momentos, alguém precisará fazer uma parada para ir ao banheiro, para comer alguma coisa ou por outro motivo. Além disso, alguém poderá se perder e ter que retornar mais à frente. Às vezes, é necessário pegar outra estrada (outra trilha menor) para retornar ao caminho em direção ao destino pretendido. Mas traçar o caminho maior ajudará a seguirmos na mesma direção. Isso funciona como uma bússola, uma referência para as pessoas entenderem como se dá o crescimento.

Como vimos no Capítulo 1, eu chamo essa trilha de "trilha básica" ou "fase inicial", pois ela tem a ver com os primeiros passos basilares para aquele grupo. Na Parte III do livro, irei sugerir ideias sobre o que fazer depois da primeira grande trilha. Agora, vamos nos concentrar na fase inicial. Para fazer isso, trabalharemos nas seguintes etapas: definir as características dos discípulos que queremos desenvolver, criar os passos e temas que queremos que eles aprendam e desenvolvam e definir os detalhes do processo, como o tempo de cada passo e como saberemos se a pessoa chegou lá ou não.

CARACTERÍSTICAS DOS DISCÍPULOS

Para pensarmos na trilha de discipulado, o primeiro passo é definir quais características de um discípulo de Jesus queremos desenvolver nas pessoas daquele grupo-alvo. Cada grupo-alvo (ou cada etapa da vida da árvore) terá um conjunto de características que se quer alcançar.

A IGREJA QUE FAZ *discípulos*

Isso é muito importante, porque não dá para exigir que uma semente tenha frutos quando ela ainda não é uma árvore. Também não dá para exigir que uma árvore pequena dê frutos ou apresente características de uma árvore madura. Em cada nível de maturidade se espera um conjunto determinado de características diferentes.

Quais características vocês enxergam como necessárias em cada fase de desenvolvimento do grupo-alvo? Veja alguns exemplos a seguir, lembrando que esses pontos são o que se espera que a pessoa pratique, não apenas compreenda:

Novo na fé	Pessoa de outra igreja	Membro	Líder
Compreender a salvação	Compreender o DNA da igreja	Ser discípulo de Jesus	Entender o que é liderança servidora
Compreender quem é Deus	Compreender o que é ser membro dessa igreja	Negar-se a sim mesmo (Lucas 14.26)	Conhecer seus dons e sua missão e vida
Orar com confiança		Aprender as bases da sua fé	Testemunhar a sua fé
Aprender a meditar e a estudar a Bíblia		Ter visão de Reino	Produzir frutos
Saber explicar sua nova fé		Fazer discípulos de Jesus (Mateus 28.18-20)	Exercer influência sobre outros
Compreender o que é ser membro de uma igreja		Aprender a lavar os pés dos outros (João 13.14)	Conhecer mais profundamente a sua fé
		Aprender a estudar a Palavra de forma autônoma	Estudar a Palavra de maneira consistente

COMO DESENVOLVER AS TRILHAS DE DISCIPULADO?

Novo na fé	Pessoa de outra igreja	Membro	Líder
		Praticar vida de oração, adoração e intimidade com Deus	Ter autonomia no seu processo de crescimento espiritual
		Compreender que é o principal responsável por seu processo de crescimento na fé	Saber controlar as emoções
		Aprender a amar o próximo	Cuidar de outras pessoas com amor
		Viver em comunidade	
		Ter um estilo de vida discipular	
		Ter relacionamentos saudáveis	
		Confessar pecados	
		Perdoar	

Nesse quadro, todas as características do grupo devem acumular as características do grupo anterior. Por exemplo, o líder precisa trabalhar as características do membro, assim como o membro deve ter todas as características do novo na fé e assim sucessivamente. Além dessas características citadas no quadro, veja as características citadas no Capítulo 2.

Desenvolva com o seu grupo de trabalho as características de um discípulo de Jesus conforme vocês entendem que cada grupo deveria evidenciar/demonstrar/aprender nessa fase.

Escolha uma quantidade de no máximo 10 características por grupo, para não formar uma lista muito grande, o que pode parecer impossível de cumprir.

CRIANDO OS PASSOS

A partir das definições de quais características fundamentais precisam ser desenvolvidas, o próximo passo será estabelecer os passos para se alcançar essas características. A ideia aqui é que, para cada grupo definido, haja passos específicos que o levem a crescer na fé:

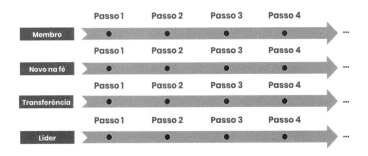

A compreensão de que cada grupo tem peculiaridades em seu processo de crescimento da fé é importante para orientar tudo o que será definido posteriormente.

E QUAIS SÃO ESSES PASSOS?

Um passo é um novo momento na caminhada de fé, algo que a pessoa alcança de maneira objetiva na transformação de alguma área de sua vida. O objetivo disso sempre será a transformação de vida. Lembre-se, continuamente, de que dar o passo não é levar a pessoa a ter mais conhecimento ou informações sobre a fé ou sobre a Bíblia. O que queremos é que a pessoa se torne mais parecida com Jesus. O critério máximo sempre será a prática dessa verdade na vida da pessoa. Ela conseguirá ir a um novo passo se começou a viver o conteúdo previsto na sua vivência de maneira prática e perceptível.

Cada passo tem um objetivo claro. O objetivo descreve como a pessoa avançará no seu processo de amadurecimento espiritual. Veja um exemplo da trilha para *membros*:

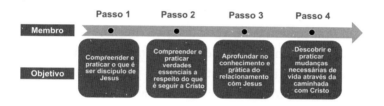

A tarefa para você e seu grupo de trabalho é definir quais são os passos que precisam ser dados para que a pessoa de um grupo específico possa crescer na fé e desenvolver as características que vocês pensaram. A tarefa não é, ainda, pensar em que tipo de material ou estratégia utilizarão. Isso será desenvolvido nos próximos capítulos. Não pule etapas, senão você enviesará o processo de criação.

Os objetivos dos passos que citei funcionam como exemplos para compreenderem a proposta. Procure trabalhar com seu grupo para construir algo que faça sentido para a sua igreja. No Anexo II, você encontrará uma série de exemplos de passos possíveis que poderão servir como referência e exemplo. No Anexo III, você encontrará alguns exemplos de trilhas de discipulado já utilizados por algumas igrejas. Esses exemplos

A IGREJA QUE FAZ *discípulos*

foram colocados para deixar a ideia da trilha um pouco mais concreta. Não copie! Essas trilhas foram bons exemplos para a realidade dessas igrejas, mas não necessariamente se aplicam ao seu contexto e momento histórico.

O TEMPO DE CADA PASSO E DA TRILHA BÁSICA

Uma dúvida comum que surge nesse momento é: quanto tempo cada passo exige? A sugestão é que vocês definam a primeira previsão de quanto tempo demoraria cada passo, sem se apegarem tanto a esta definição inicial. Vocês podem fazer uma estimativa em semanas ou meses, a fim de terem uma ideia inicial de quanto tempo a pessoa terá de caminhada. Nas próximas etapas, no entanto, esse tempo será refinado, pois já terão mais informações para chegarem a essas conclusões.

A outra dúvida que surge é quantos anos, no total, deve durar uma trilha de discipulado. Antigamente, era comum fazer um currículo de ensino que durava dez ou quinze anos, e passava por muitos conteúdos a respeito da Bíblia e da fé. Entretanto, quando se fazia isso, pensava-se mais em conteúdos a serem transmitidos do que, necessariamente, em um processo de crescimento da fé. Além disso, com um período tão grande e amarrado, em geral tinha-se um caminho mais "engessado", que não permitia às pessoas replicarem o que aprenderam. As pessoas tinham um caminho muito longo de aprendizado, e isso não as estimulava a se focar no principal.

Não existe um tempo padrão mínimo ou máximo que devemos seguir. As Escrituras não normatizam isso.

COMO DESENVOLVER AS TRILHAS DE DISCIPULADO?

O que podemos ver é a experiência de Jesus e Paulo discipulando pessoas e comunidades como uma referência inicial. Jesus discipulou os seus discípulos por cerca de três anos. Paulo trabalhou cerca de três anos em Éfeso e um ano e meio em Corinto, preparando lideranças para dar continuidade ao trabalho iniciado e acompanhando seu progresso por meio de visitas ou de cartas.

Muitas igrejas que têm implementado uma perspectiva de discipulado como a citada neste livro, chegaram à conclusão de que um processo inicial deveria ter algo entre dois e três anos. A ideia é que nesse tempo inicial aconteçam os primeiros passos do processo de discipulado. Isso não significa que o discipulado deixará de existir depois desse tempo. A ideia é que um processo mais estruturado faça mais sentido nos primeiros anos dessa vivência de fé e, com o tempo, a igreja crie os módulos seguintes.

Entretanto, como expliquei, o mais importante agora é focar na trilha básica e, posteriormente, avançar para as demais.

O QUE MARCA A CONCLUSÃO DE CADA PASSO

A partir do momento em que a pessoa inicia a trilha e começa a viver sua caminhada de fé, ela terá diante de si um

A IGREJA QUE FAZ *discípulos*

caminho com vários passos específicos, sequenciais e evolutivos a serem atingidos. Uma pergunta que surge nesse contexto é: o que marca a conclusão de cada passo? Como sabemos se a pessoa está pronta para dar o próximo passo?

A resposta a essas perguntas é simples: a transformação pessoal que ela viveu no objetivo daquele passo. Simples assim.

Diferentemente de um processo escolar, em que a pessoa é avaliada de acordo com a retenção ou comunicação de um conhecimento, num processo de crescimento da fé o critério sempre será a transformação real. Claro que isso gera certos desafios práticos na medição ou verificação da ocorrência da transformação, pois não é algo que se possa medir com exatidão e é escalável. Sempre haverá a necessidade da avaliação sensível por parte do líder discipulador daquela pessoa, além da necessidade de o discípulo comunicar o quanto acredita que cresceu na fé naquele passo. Com o tempo, os discipuladores vão aprendendo a observar essa transformação com mais facilidade e algumas ferramentas adicionais podem ser criadas pelo próprio grupo para essa finalidade.

Então, tome como exemplo que, se um passo tem por objetivo levar a pessoa a entender e a vivenciar o que é o perdão, ela precisará falar minimamente sobre o que é o perdão, o que a Bíblia diz sobre isso e quem ela conseguiu perdoar ou a quem pediu perdão nesse período. Essa declaração por parte da pessoa dará evidências de como o passo foi ou não avançado.

CONSOLIDAÇÃO DOS PASSOS

Quando falamos que temos grupos diversos e, por isso, mais de uma trilha de discipulado, não significa que teremos trilhas completamente diferentes para sempre. Provavelmente, existirá uma trilha principal e outras que desembocam nela.

A melhor metáfora que descobri para representar isso é a de um rio com seus afluentes. O rio tem um nascedouro e ao longo da sua trajetória ele recebe afluentes que contribuem para o aumento do seu volume de água. O detalhe importante nessa metáfora é que, quando o afluente deságua no rio, ele deixa de ser um afluente (ou um rio menor) e se torna o grande rio.

Dessa forma, a igreja pode (e deve) ter uma grande trilha básica de discipulado. Ela é a trilha principal e mais volumosa. Essa trilha é a trilha dos membros da igreja. As trilhas menores, como a dos novos membros e a de transferência, são os afluentes que desaguarão em algum momento na trilha principal — que é o rio.

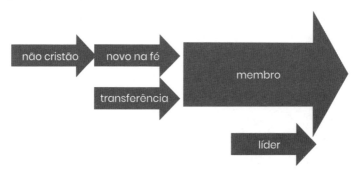

Nesse exemplo de trilhas, as três trilhas introdutórias que deságuam na trilha do membro são importantes, mas elas têm a duração menor. O objetivo fundamental é levar a pessoa à trilha do membro. A trilha do membro poderá ter uma característica diferente no início, pois vocês poderão alinhar

A IGREJA QUE FAZ *discípulos*

todos os membros nela. No futuro, porém, quem entrará nessa trilha serão apenas as pessoas que se converteram ou vieram de outras igrejas.

No caso da trilha do líder, ele terá uma caminhada complementar à trilha do membro, pois decidiu dar um passo no serviço ou na liderança na igreja.

História DA IGREJA VIDA NOVA

Quando o grupo começou a pensar nas características dos discípulos, houve um silêncio para reflexão por um tempo. O sr. Domingos interrompeu o silêncio dizendo: "Queremos alguém com compromisso!". Ninguém discordou, mas essa conclusão não trouxe muita empolgação ao grupo. Parecia que dizer isso não significava muita coisa.

Depois que alguém começou a dizer outra coisa, Alice interrompeu, como se tivesse feito uma grande descoberta, e disse: "As características que estamos procurando podem também ser as características dos discípulos que estudamos no capítulo anterior!". A maioria das pessoas tentou se lembrar do que ela falava e, aos poucos, eles começaram a balançar a cabeça concordando com o que ela havia dito. Daí em diante, todos passaram a conversar sobre quais daquelas características estudadas eles gostariam que as pessoas tivessem, especialmente na primeira *persona* que estavam trabalhando.

Depois de um tempo, Amanda falou algo que deixou a todos perplexos: "Vocês repararam que tem uma pessoa na igreja que parece ter muitas dessas características?". Todos se entreolharam e perguntaram: "Quem?". Ela, ainda boquiaberta, respondeu: "A dona Roberta, gente!". Aquelas pessoas ficaram em silêncio, parados por alguns segundos, pensando e, quase em uníssono, responderam: "É verdade!". Daí em diante, eles começaram a se lembrar de como a dona Roberta era fiel, como era amada e amava a todos na igreja, como lidou com as questões difíceis na vida dela com obediência a

Cristo, mesmo quando esteve em meio a lutas. Eles, então, decidiram usar a dona Roberta como um tipo de referência para um bom discípulo de Jesus naquela igreja.

Depois de um tempo, eles se lembraram do Rodrigo, um jovem senhor que parecia ter muitas das características com as quais estavam lidando. Isso os ajudou a darem mais concretude às características esperadas do discípulo, conforme encarnadas em uma pessoa que conheciam.

Depois de concluírem a lista das características da primeira *persona* (que foi a do membro), eles começaram a pensar nos passos de fé. Para isso, usaram como uma referência a lista de passos sugeridas no livro e, a partir daí, construíram os seus passos de fé. Houve intenso debate sobre a ordem em que os passos deveriam ser dados. Amanda achava que a primeira coisa deveria ser trabalhada era a questão de ser discípulo. Já Ricardo achava que eram a prática da vida cristã, enquanto Maria entendia que eram as disciplinas espirituais.

Uma hora depois, perceberam que seria bom fazer a primeira versão de teste, mesmo que ainda houvesse algumas dúvidas, e avançaram para as próximas etapas com essa primeira versão. Não havia unanimidade quanto à primeira versão e o grupo sentia que precisava pensar melhor sobre isso. O pr. Antônio se prontificou a estudar com mais profundidade a primeira versão e dar um retorno no próximo encontro.

Em relação ao tempo de cada passo, estimaram que duraria entre dois e quatro meses, dependendo do tema. Quando foram conversar sobre o tempo total da trilha inicial, houve bastante dúvida novamente. Alice disse acreditar que a trilha

História DA IGREJA VIDA NOVA

inicial deveria ter entre quatro e cinco anos, no total, a fim de que pudessem dar conta de tratar todos os temas importantes. Amanda e Ricardo, no entanto, argumentaram que isso seria muito tempo, e sugeriram um tempo menor, de dois anos. Os demais, no entanto, tinham muitas dúvidas sobre isso e na maioria das vezes não argumentaram muito, permanecendo como observadores do diálogo entre os outros três membros. Algum tempo depois, eles decidiram estimar um tempo de três anos e reavaliar essa primeira decisão mais para frente, quando estivessem com uma ideia melhor dos próximos passos a serem dados.

Quando estavam finalizando isso, Alice começou a falar que estava preocupada com os materiais que usariam em cada um dos passos, e que isso seria uma grande dificuldade. Quando todos estavam começando a se preocupar com esse aspecto, João lembrou a todos que esse tema seria trabalhado numa etapa posterior, e que não deveriam investir tanto tempo e energia nessa questão naquele momento.

Quando encerraram a versão da primeira trilha do membro, Maria exclamou de forma sincera: "Hoje era eu quem não acreditava que conseguiríamos construir uma primeira versão da trilha. Mas conseguimos! E estou muito empolgada com tudo isso". Eles decidiram encerrar a conversa com a trilha do membro e deixar as demais trilhas para o próximo encontro.

A IGREJA QUE FAZ *discípulos*

TAREFA DO GRUPO DE TRABALHO

Reflitam sobre as perguntas a seguir e registrem os principais pensamentos e definições:

1. Quais são as características dos discípulos que queremos desenvolver em cada grupo-alvo da nossa igreja?
2. Quais são os passos de fé dos grupos-alvo da nossa igreja?
3. Qual a ordem em que estruturamos esses passos de fé?
4. Quanto tempo estimamos que cada passo levará?
5. Quantos anos, aproximadamente, queremos que dure a primeira trilha?

Orem juntos pedindo a orientação do Espírito Santo sobre essas definições, para que ele dê clareza sobre tudo isso.

Capítulo 5

QUAIS SÃO AS ESTRATÉGIAS DE CADA PASSO DO DISCIPULADO?

Já conversamos sobre descobrir e definir os grupos que podem ser alvo do discipulado e quais trilhas de discipulado podem ser criadas para esses grupos. O próximo passo agora é pensar qual a melhor estratégia para discipular cada grupo em cada momento da trilha de discipulado. Existem várias formas de se fazer discipulado, e cada uma delas tem suas forças e limitações. Cada estratégia pode ser mais assertiva em uma fase do processo de discipulado e menos indicada em outra fase. Dessa forma, cada passo do discipulado pode ter um tipo de estratégia diferente.

Assim, a igreja poderá escolher aquilo que mais faz sentido para ela naquele momento histórico e o que ela já aprendeu para poder replicar a outros.

A IGREJA QUE FAZ *discípulos*

As principais estratégias de discipulado são:

| Discipulado individual | Discipulado em minigrupo | Discipulado em grupo |

Vamos abordar cada uma delas individualmente a partir de agora.

DISCIPULADO INDIVIDUAL

O discipulado individual é o relacionamento discipulador que acontece pessoa a pessoa. Uma pessoa discipula a outra, sendo que um assume o papel de discipulador e o outro de discípulo (ou discipulando). Essa estratégia de discipulado é profundamente transformadora, pois o acompanhamento é feito de forma totalmente particular e personalizada. Esse é o tipo de relacionamento que Paulo tinha com Timóteo. A relação que se estabelece considera que o discípulo compreende que o seu discipulador se torna seu pai (ou mãe) na fé, assim como Paulo chamou Timóteo de seu filho na fé.

O discipulado individual possibilita um envolvimento muito íntimo e um nível de acompanhamento muito específico e cirúrgico. O discipulador passa a conhecer a vida do seu discípulo em todas as dimensões: afetiva, familiar, financeira, espiritual, carreira profissional etc. Isso leva a relação entre ambos ao crescimento, ao ponto de o discipulador ter autoridade e espaço maior para aconselhar, corrigir, incentivar e cobrar. O discípulo também se sente mais livre para se mostrar vulnerável, pois quem está caminhando com ele se importa e o conhece bem. Não se trata de uma relação de poder e autoridade, e sim de amizade e mentoria espirituais.

QUAIS SÃO AS ESTRATÉGIAS DE CADA PASSO DO DISCIPULADO?

A relação é construída ao longo do tempo. À medida que passam mais tempo juntos, cria-se um espaço de confiança no qual o discípulo se sente mais confortável para se abrir, confessar pecados revelar aspectos da sua vida que normalmente não apareceriam numa conversa superficial. Com alguns, essa abertura pode se dar logo no começo da relação; com outros, pode demorar mais tempo. Mas é certo ser mais provável que alguém se abra numa relação de discipulado individual do que em outras circunstâncias.

Esse relacionamento terá mudanças ao longo do tempo. No início é de uma proximidade muito grande, e despenderá bastante tempo do discipulador. Ao longo do processo, essa relação mudará a ponto de o discipulador encontrar seu discípulo de vez em quando. Em algum momento, o discipulador se tornará mais um mentor do que um discipulador, propriamente dito.

A relação entre Paulo, Timóteo e Tito passou por essa transformação ao longo do tempo. No início, Timóteo e Tito andavam o tempo todo com Paulo e aprendiam com ele no dia a dia. Com o tempo, eles adquiriram maturidade, ao ponto de Paulo escrever para eles de tempos em tempos ou de se encontrarem de vez em quando para terem um tempo de orientação e mentoreamento.

O discipulado individual só deverá ser usado com pessoas do mesmo sexo. Essa é uma regra que não dá para infringir. O homem só deverá discipular individualmente outro homem. Uma mulher só deverá discipular individualmente outra mulher. Os riscos de misturar os sexos nessa estratégia de discipulado são muito altos.

A grande força do discipulado individual é a profundidade do relacionamento. A limitação é que a multiplicação não ocorrerá de maneira tão rápida quanto as outras estratégias.

A IGREJA QUE FAZ *discípulos*

DISCIPULADO EM MINIGRUPO

O discipulado em minigrupo acontece numa relação de três a quatro pessoas (o discipulador, além de dois ou três discípulos; ou um casal para outro casal). O relacionamento não se dá no nível individual, mas também não chega a ser um grupo maior. Algumas características da dinâmica do grupo maior se aplicam aqui, mas o relacionamento funciona numa forma diferente. O relacionamento de Jesus com Pedro, João e Tiago é uma boa referência. O discipulado de casais pode ser encaixado nessa categoria.

O discipulado em minigrupo funciona bem quando o discipulador e os discípulos conseguem estabelecer uma relação aberta e vulnerável entre as partes. Todos precisam se abrir e ser transparentes. O discipulador tem o compromisso de fazer a relação funcionar entre todos, pois, se isso não acontecer, o processo de discipulado poderá se tornar superficial.

O desafio do discipulado em minigrupo é a conexão do grupo. Por ser um grupo muito pequeno de pessoas, se uma relação profunda e transparente não for desenvolvida, o minigrupo não avançará.

Uma das forças do discipulado em minigrupos é que há uma profundidade maior do que em um grupo e, ao mesmo tempo, a multiplicação será mais rápida do que no discipulado individual.

DISCIPULADO EM GRUPO

O discipulado em grupo é o relacionamento discipulador que pode ocorrer com um número maior de pessoas. Não existe um número mágico. Jesus discipulou doze, mas é possível discipular um grupo com número menor de pessoas:

QUAIS SÃO AS ESTRATÉGIAS DE CADA PASSO DO DISCIPULADO?

dez, oito, seis... De fato, é muito difícil afirmar que com um grupo de mais de doze pessoas haverá uma qualidade no acompanhamento.

Jesus discipulou doze homens, mas ele investia muito do seu tempo diário (ou todo o seu tempo!) nessa relação. Era uma forma bem intensiva de discipulado. Em nossos dias, isso não é viável da forma como foi no passado. Entretanto, podemos aprender com o princípio de Jesus de discipular grupos ajustando o número de pessoas para baixo (para conseguirmos acompanhar melhor cada um) e tendo pessoas que ajudem nesse acompanhamento dos discípulos. Muitas igrejas têm percebido que um número que parece ser mais realista para um discipulador trabalhar com alguma qualidade é algo em torno de seis pessoas. Esse número possibilita que se conheçam bem os discípulos e o tempo em grupo seja suficiente para que todos participem de forma ativa e participativa.

Os grupos de discipulado podem ser formados por pessoas do mesmo sexo ou grupos mistos. As duas possibilidades têm forças e limitações. De forma geral, a maioria das igrejas observa que os grupos com pessoas do mesmo sexo parecem fazer mais sentido nas primeiras etapas do processo de discipulado. Isso se dá porque as pessoas se sentem mais abertas a compartilhar suas questões pessoais, pecados e medos com pessoas do mesmo sexo. É muito importante observar isso na fase inicial do discipulado, pois as pessoas estão aprendendo a se abrir e a se mostrar vulneráveis.

Com o tempo, depois de alguns meses ou anos de discipulado, é possível testar grupos mistos, pois as pessoas já aprenderam de algum modo a trabalharem em grupo e a se abrirem mais. Além disso, ter pessoas de sexos diferentes no

A IGREJA QUE FAZ *discípulos*

mesmo grupo ajudará a observar certas perspectivas da vida de maneira diferente e complementar.

RESUMO DAS TRÊS ESTRATÉGIAS

Colocando em um quadro o resumo das diferenças entre as três estratégias, temos o seguinte:

	Individual	Minigrupo	Grupo
Forças	• Profundidade no relacionamento • Relacionamento pessoal e personalizado	• Profundidade no relacionamento • Relacionamento pessoal e personalizado	• Multiplicação mais rápida • Um líder pode acompanhar 6 a 8 pessoas
Limitações	• Multiplicação mais lenta • Dificilmente as pessoas conseguem discipular mais de uma pessoa por vez	• Multiplicação mais lenta • Desafio de conexão entre os participantes	• Relacionamento menos profundo • Dificuldade quando os participantes estão em ritmos muito diferentes
Riscos para quem conduz o discipulado	• Tornar-se um grande "amigão" do discípulo e não ter coragem de confrontá-lo	• Querer fazer um grupo de amigos sem um espaço de confronto	• Tornar-se um "chefe" do grupo, focando mais nas tarefas do que nas pessoas

ENCONTRANDO A MELHOR ESTRATÉGIA PARA CADA PASSO DA TRILHA

Em cada passo da trilha de cada grupo é preciso identificar a melhor estratégia para a igreja e seu contexto. Um mesmo passo pode ter mais de uma opção de estratégia. Veja um exemplo da trilha de membro:

QUAIS SÃO AS ESTRATÉGIAS DE CADA PASSO DO DISCIPULADO?

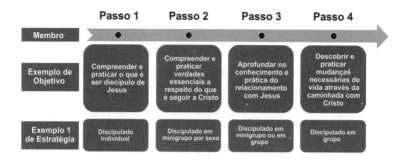

De forma geral, o aprendizado na implantação com as igrejas tem demonstrado que, nos primeiros passos, estratégias como discipulado individual ou em minigrupo por sexo são mais efetivas, porque são mais personalizadas e ajudam a transmitir o DNA que a Igreja entendeu ser o seu objetivo. Além disso, isso garante que o nascedouro do processo de discipulado seja bem consolidado para não permitir que a semente morra no momento de maior risco.

No entanto, em algum momento da caminhada de crescimento da fé, as pessoas precisarão ser engajadas em algum tipo de grupo de discipulado. Isso é praticamente inevitável, pois seria virtualmente impossível levar a pessoa a crescer constantemente estando vinculada a um único discipulador. Além disso, é importante a pessoa continuar a crescer e a aprender com outros. A principal dúvida, então, é quando iniciar o processo de discipulado em grupo.

Algumas igrejas decidem que a partir do 2º ou 3º passos a pessoa já pode ser encaixada em algum grupo. Outras igrejas percebem que isso pode acontecer mais à frente. Uma alternativa é iniciar o processo de discipulado em grupo com pessoas do mesmo sexo e, em algum momento, mais à frente, oferecer opções de discipulado em grupos mistos.

A IGREJA QUE FAZ *discípulos*

É importante que o grupo de trabalho da sua igreja estude essas possibilidades, a fim de encontrar a melhor alternativa para vocês nesse momento.

Algumas igrejas decidem oferecer mais de uma opção de estratégia de discipulado por passo. Isso é possível e pode ser uma boa alternativa, porque nem todas as pessoas têm o perfil de se tornarem discipuladores de grupo, por exemplo. Algumas pessoas entendem que têm o perfil de acompanharem somente uma pessoa por vez. Outras têm a habilidade ou o chamado para trabalharem em grupo. Quando você tem mais de uma opção, consegue oferecer espaço de discipulado para mais discipuladores trabalharem simultaneamente. Além disso, você terá discípulos que funcionarão melhor em estratégias diferentes.

O risco de terem mais de uma estratégia por passo é a liderança e os discipuladores encontrarem dificuldade de acompanhar muitas opções diferentes e mapear o aprendizado ao longo da trajetória. O acompanhamento é relevante para dar suporte às dificuldades dos discipuladores e dos discípulos no decorrer do processo. Sem acompanhamento, algumas pessoas podem parar e deixar de serem discipuladas, simplesmente porque não têm pessoas dando apoio diante de algumas dificuldades que enfrentam.

Um caminho possível é iniciar com uma única estratégia por passo e, à medida que a igreja for ganhando musculatura e aprendizado, fazer um teste para verificar se poderão acrescentar mais de uma estratégia por passo.

Veja outros exemplos de como as estratégias podem ser utilizadas:

QUAIS SÃO AS ESTRATÉGIAS DE CADA PASSO DO DISCIPULADO?

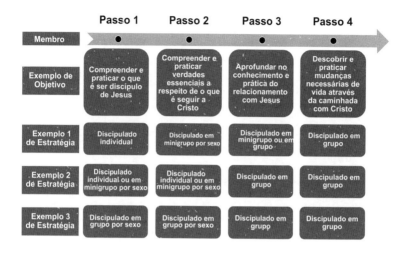

ESTRATÉGIAS MISTAS

Na minha adolescência, fui discipulado em um misto de estratégia individual e de grupo. Meu discipulador me acompanhava pessoalmente e, além disso, tínhamos encontros no grupo semanalmente. Esse tipo de estratégia mista exigia maior tempo e esforço da parte dele, pois era preciso dedicar mais horas suas para se encontrar com cada um dos rapazes do grupo, além do encontro semanal com todos.

Muitas igrejas têm testado estratégias mistas como essas. Além disso, ainda existe a possibilidade de a dinâmica do grupo ter elementos de minigrupo ou individual. Por exemplo: um encontro de grupo começar com um momento de duplas e, depois, o grupo todo continuar o encontro. Esse espaço para o individual ajuda na consolidação de coisas que só acontecem em uma relação individual, além de permitir que haja espaço mais diversificado do grupo. Veja alguns exemplos a seguir:

A IGREJA QUE FAZ *discípulos*

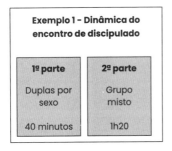 

PEQUENOS GRUPOS E CÉLULAS TÊM A VER COM DISCIPULADO EM GRUPO?

Um modelo muito usado em diversas igrejas é o de pequenos grupos (PGs) ou células. Os PGs, células ou outro nome dado pelas igrejas podem ser uma excelente estratégia para vários objetivos, como comunhão, estudo bíblico, evangelização, discipulado, adoração etc. A compreensão da necessidade de ter grupos menores para se viver a experiência de ser igreja foi, de fato, algo positivo na história recente da fé cristã. Não tratarei de uma análise histórica específica neste livro. Entretanto, quero compartilhar com vocês alguns aprendizados que tenho tido com as igrejas nos últimos anos.

Algumas igrejas desenvolvem a estratégias de grupos e, consciente ou inconscientemente, dão um foco para aquele grupo, que acaba se tornando o viés principal no qual ele vive e se multiplica. Por exemplo:

- **Comunhão**: a igreja pode definir que um grupo tem como objetivo desenvolver a comunhão. Então, aquele grupo se envolve com esse desenvolvimento e se torna um grupo de pessoas próximas e que caminham juntas nos desafios da vida.

QUAIS SÃO AS ESTRATÉGIAS DE CADA PASSO DO DISCIPULADO?

- **Estudo bíblico**: a igreja pode decidir que o foco do grupo é o estudo bíblico. Então, esse grupo prepara estudos e materiais para que as pessoas "aprendam" o conteúdo escolhido com um líder ou professor.
- **Evangelização**: a igreja pode dizer que o foco do grupo será a evangelização. Nesse caso, o grupo pode receber visitantes e cada programação será pensada para comunicar o Evangelho a quem ainda não é discípulo.

Cada foco traz riscos naturais. O grupo de comunhão pode acabar se tornando um clube de amigos que não necessariamente crescem na fé; o grupo de estudo bíblico, outra classe de EBD que pode não levar as pessoas a praticarem a verdade; o grupo de evangelização pode acabar se tornando apenas outro culto: aberto e que tem programação litúrgica (mais simples que a igreja, mas tem), e que não leva as pessoas a crescerem na fé de forma sistemática.

A proposta que apresentarei é a seguinte: o foco do grupo ser o discipulado! Dessa forma, o discipulado acontecerá efetivamente nos pequenos grupos ou células. Se vocês decidirem seguir por esse caminho, não terão duas coisas funcionando na igreja: uma estratégia de discipulado em grupo + outra coisa chamada células ou PGs. Terão uma coisa estratégica. Se o discipulado for o foco do grupo, ele trará consigo: a) comunhão profunda (porque discipulado envolve relacionamento intencional); b) estudo bíblico (porque discipulado exige conhecimento aplicado da Palavra); c) adoração e estímulo a uma vida de prática da fé (pois discipulado envolve praticar oração e uma vivência do Evangelho na realidade diária). Já a evangelização é outro assunto que tratarei mais à frente.

A IGREJA QUE FAZ *discípulos*

Um dos meus mentores, Josué Campanhã, tem uma imagem que ajuda a compreender isso de maneira clara: pegue uma garrafinha de água e a observe. Há duas coisas principais ali: a garrafa, que é uma estrutura de plástico, e o seu conteúdo, que é a água. O objetivo da estrutura plástica é ser um recurso para levar o conteúdo, que é o mais importante. Quando está com sede, você presta mais atenção na embalagem da garrafa ou você fica com vontade de tomar o conteúdo da garrafa? Imagino que presta mais atenção na água. Depois de matar a sua sede, aquela garrafinha não tem muita utilidade. Garrafa sem água é descartável.

As nossas estruturas (como células ou pequenos grupos) são a garrafinha, a estrutura que criamos. O conteúdo, que é o discipulado, é a essência, a água que traz vida. As pessoas precisam da água. A forma como vamos guardar esse conteúdo é relevante, mas não deverá ser o mais importante. Muitas igrejas têm estruturas de grupo sem vida, por isso muitas delas são descartadas pelas pessoas.

Se o foco do grupo pequeno/célula (ou qualquer nome que derem) for o discipulado, isso poderá mudar consideravelmente a sua estrutura. Provavelmente, alguns pontos precisam ser garantidos, tais como:

- O grupo precisa ser fechado, a fim de criar intimidade e um ambiente de confiança;
- O grupo precisa ter um número máximo de participantes, para garantir tempo suficiente para todos compartilharem;
- O grupo precisa ter relacionamentos intencionais para crescer na fé;
- Ter um líder com o perfil de discipulador, não só de um organizador de encontros ou "professor";

QUAIS SÃO AS ESTRATÉGIAS DE CADA PASSO DO DISCIPULADO?

- O material a ser trabalhado com o grupo precisa seguir os passos definidos da trilha de discipulado da igreja.
- Ter uma dinâmica de encontros de grupos com menos liturgia e menos cara de culto. Se o encontro apresentar muitos elementos, como música, uma fala preparada ou coisas do tipo, parecerá um culto em vez de uma roda de conversa de pessoas que querem abrir o coração e compartilhar vida.

A igreja poderá dar o nome que quiser ao grupo pequeno: Pequeno Grupo, Célula, Bases, Grupos de Vida etc. Para essa escolha é importante levar em consideração o histórico da igreja e o seu contexto. Por exemplo, se existe indisposição na comunidade ao termo "célula", talvez seja melhor batizar o grupo com outro nome. Além disso, talvez vocês queiram diferenciar o modelo que escolheram de algum outro modelo já predominante. Os nomes dizem muito. Se vocês escolherem, por exemplo, "Grupo de estudo da Bíblia", poderão dar a entender que o foco é o estudo, e não a vivência do discipulado.

Veja a seguir um quadro que sintetiza um pouco a diferença entre um grupo pequeno tradicionalmente encontrado em igrejas e um grupo focado em discipulado:

Grupo pequeno "padrão"	Grupo focado em discipulado
Transferência de conhecimento	Transformação de vida
Grupo aberto (qualquer um pode participar)	Grupo fechado (o grupo é definido e caminha junto por um tempo)
O líder é um organizador do encontro ou um professor	O líder é um discipulador/mentor

A IGREJA QUE FAZ *discípulos*

Grupo pequeno "padrão"	Grupo focado em discipulado
8 a 25 pessoas	3 a 8 pessoas
Trabalham temas variados	Seguem os passos de uma trilha de discipulado
Participantes em momentos muitos diferentes na caminhada de fé	Participantes em momentos parecidos da caminhada da fé
Foco no ensino, evangelização, oração etc.	Foco no discipulado

PRESTAÇÃO DE CONTAS E CONFISSÃO DE PECADOS

Em qualquer estratégia de discipulado há algo que precisa existir para garantir o crescimento na fé: a prestação de contas e a confissão de pecados. Sem isso, dificilmente alguém crescerá na fé.

Como diz Jerry Bridges:

> [...] a prestação de contas tem especial importância no contexto do treinamento de discipulado e em um relacionamento individual [...]. O ensino e treinamento bem-sucedidos não podem acontecer em um nível pessoal tão íntimo a menos que exista confiança, abertura, preocupação e prestação de contas mútua. Quem está sendo discipulado deve prestar contas para que o discipula; do contrário, todo o processo de discipulado será vão. Mas o discipulador também deve estar disposto a abrir sua vida para outra pessoa, a fim de solidificar o vínculo e ganhar confiança. Minha própria experiência tem sido de que, quando me abro em relação a meus fracassos e fraquezas com a

pessoa que estou discipulando, ela é incentivada a se abrir comigo.[1]

Randy Pope sintetiza a prestação de contas como sendo "irmãos em Cristo ajudando uns aos outros a encontrar o 'pecado por trás por pecado' ",[2] pois é um processo de identificação de camadas que escondem o real pecado que gera muitos desequilíbrios e disfunções em nosso caráter.

Confessar pecados publicamente é algo raro. É por isso que algumas igrejas escolhem as estratégias de discipulado individual, minigrupo ou grupo por sexo nos primeiros passos: para estimular a confissão de pecados e ajudar as pessoas a terem coragem de se abrir. Outra forma de lidar com isso nos grupos é ter um espaço para a prestação de contas em duplas ou trios.

RELACIONAMENTO DISCÍPULO-DISCIPULADOR

A primeira questão a tratar é algo que ouço constantemente: posso dizer que sou discípulo de alguém ou sou apenas discípulo de Jesus? O objetivo de toda relação discipular é levar as pessoas a se tornarem discípulos autênticos de Jesus. Isso não inviabiliza, no entanto, que alguém se torne discípulo de seu discipulador humano. Paulo convocou seus discípulos: "Tornem-se meus imitadores, como eu o sou de Cristo" (1Coríntios 11.1). Eu posso e devo chamar alguém a me copiar, pois estou buscando ter uma vida de seguimento a Jesus. Isso não significa que sou perfeito, mas o meu discípulo pode olhar para minha vida e perceber os erros e

---

[1] BRIDGES, Jerry. **Crescimento espiritual**. São Paulo: Vida Nova, 2019. p. 103-104.

[2] POPE, Randy. **O discipulado na igreja local**. Viçosa: Ultimato, 2017. p. 34.

A IGREJA QUE FAZ *discípulos*

acertos na minha caminhada. Na verdade, é essa força da relação discipulador — discípulo que leva o discipulador a aprender tanto quanto seu discípulo, pois é estimulado a continuar seguindo a Cristo de forma total para ter uma vida que seja exemplo para os demais.

Paulo diz em Filipenses 3.17: "Irmãos, sede imitadores meus e observai os que andam segundo o modelo que tende em nós". Em Tessalonicenses 1.4-7, ele usou a expressão "imitadores nossos e do Senhor". Como disse Colin Marshall,[3] no livro *A treliça e a videira*, é importante enfatizar que Paulo queria que eles imitassem não apenas sua doutrina, mas também a sua maneira de viver. Além disso, devemos ser exemplos no "esforço" por santidade e não em manifestar santidade atingida com perfeição (Hebreus 12.14).

A relação do discípulo — discipulador passa por uma transformação ao longo do tempo. No início há certo medo de se abrir até que, com o tempo, se construa uma relação de abertura progressiva e de confiança. Entretanto, em determinado momento, porque se completou a etapa pretendida de discipulado entre as pessoas, é hora de a relação ser mudada. Ao final dessa etapa, o discipulador ainda pode acompanhar o discípulo, mas não de forma recorrente ou próxima. A relação se mantém devido aos laços de amor fraterno e da confiança estabelecida, mas é hora de o discípulo galgar um novo passo em seu desenvolvimento. O discipulador pode se tornar mais como um mentor ou pessoa de influência espiritual relevante, mas não está mais no cotidiano ajudando em cada etapa.

---

[3] MARSHAL, Colin. **A treliça e a videira**: a mentalidade do discipulado que muda tudo. São Paulo: Fiel, 2016. p. 82-83.

QUAL A RELAÇÃO ENTRE DISCIPULADO, AMIZADES ESPIRITUAIS E MENTORES?

Quando falamos sobre relacionamento discipular, normalmente pensamos numa relação formal de alguém influenciando outra pessoa em um processo intencional de transformação de vida.

Entretanto, amizades espirituais e mentores podem ser pessoas importantíssimas em nosso crescimento espiritual. Mesmo que não haja um processo estruturado, amigos espirituais ou mentores podem contribuir em nossa caminhada, contando sobre nós mesmos, quem somos, e nos ajudando a enxergar, com honestidade, o que precisamos transformar. Além disso, a partir da vida deles, podemos nos inspirar e ver de perto como é alguém que está tentando seguir a Cristo e aprender com sua própria caminhada. Esses relacionamentos, então, podem contribuir para o nosso processo de crescimento de fé.

Na primeira fase do processo de discipulado a relação discipulador — discípulo é muito importante e crucial para o nosso desenvolvimento. Na fase seguinte, parece que as relações de amigos espirituais e mentores se tornam importantes e o discipulador não tem o mesmo peso do início. Isso se dá porque o ideal é estimular as pessoas à autonomia: para que cresçam na fé e tenham capacidade de estudar a Palavra, orar e se relacionar com Deus, sem necessariamente ter alguém cobrando-as constantemente.

ON-LINE OU PRESENCIAL?

Outra questão que tem gerado dúvidas atualmente é quanto é possível vivenciar um processo de discipulado de

A IGREJA QUE FAZ *discípulos*

forma *on-line*, usando aplicativos ou plataformas de reuniões *on-line*.

Eu diria que, na fase inicial do processo de discipulado ou na formação do grupo, o ideal é que a dinâmica dos encontros seja presencial, pois a transformação acontece num nível de vida que é impossível ser replicado de forma *on-line*. Isso não quer dizer, no entanto, que não se possam usar as ferramentas de diálogo para aprofundar o relacionamento com as pessoas. A relação individual ou em grupo pode ser aprofundada entre os encontros através de trocas de mensagens.

Em algum momento que a relação pessoal ou em grupo estiver mais próxima, será possível ter encontros *on-line*, pois já existe confiança e intimidade tal que permite a troca significativa à distância. Ter momentos *on-line* e momentos presenciais pode ser uma alternativa diante dos desafios de vida das pessoas hoje em dia. Claro que nada substituirá a relação presencial, especialmente quando alguns assuntos são muito profundos ou difíceis de tratar. Por exemplo, é mais significativo conversar sobre perdão de forma presencial. A chance de alguém estar vulnerável e até chorar numa conversa sobre isso é alta. Mas, se o assunto for algo mais "técnico", digamos, como alguma conversa da trilha de liderança, é possível ter momentos *on-line*.

Com sensibilidade, atenção e discernimento, vocês encontrarão juntos o modo ideal para cada situação.

História DA IGREJA VIDA NOVA

No dia marcado para conversar sobre as estratégias de discipulado, João chegou animado! Ele já tinha pensado em vários caminhos e estava pronto para dizer a todos quanto a sua ideia era a melhor de todas. O problema é que a primeira pessoa a falar foi Maria. E ela começou a falar porque acreditava que o discipulado individual era uma excelente alternativa, e precisava ser a única estratégia da igreja. Ela não falou de teorias, mas começou a partir da sua própria vida. Ponto a ponto, ela foi narrando como ter sido discipulada por uma pessoa transformou a sua vida.

Ricardo, que até então estava certo de que o discipulado em grupo era a melhor alternativa, ficou pasmo diante do testemunho da Maria e não sabia mais o que dizer. Outros começaram a falar sobre as estratégias, até que surgiu uma dúvida: se escolhessem o discipulado individual, não demoraria muito até que todos fossem discipulados? Essa dúvida deixou a todos em crise, pois perceberam que isso exigiria um tempo maior para alcançar toda a igreja. Além disso, perceberam que, se alguém acompanhasse uma só pessoa durante muitos anos por toda a trilha de discipulado, não geraria autonomia no processo de crescimento da fé daquela pessoa.

No meio dessa conversa, sr. Domingos bradou: "Mas o que queremos: é qualidade ou quantidade?". Nesse momento, todos ficaram sem saber o que dizer, até que Amanda colocou a questão sob outra perspectiva: "Acho que não estamos querendo simplesmente dizer que precisamos discipular a todos de maneira rápida, só para bater uma meta. Nossa dúvida é entender qual a melhor estratégia para o nosso momento e para os nossos passos".

Depois de quase uma hora conversando sobre isso, o grupo ainda não sabia qual rumo tomar. De modo geral, a maioria entendia que o discipulado individual era mais profundo e transformador, mas não sabiam até quando ele poderia ser a estratégia principal. Eles ainda estavam na dúvida se deveriam escolher uma única estratégia para cada passo ou se incentivariam mais de uma estratégia por passo. Além disso, Alice insistia que o minigrupo talvez fosse uma solução intermediária. Ela propôs que a trilha se iniciasse com discipulado individual ou minigrupo, até que chegasse a uma estratégia só de grupos.

Quando estavam ansiosos por tomar uma decisão, pr. Antônio sugeriu um caminho: que tal construir a primeira decisão temporária e ao final da construção do processo de discipulado validarem essa definição? Todos acharam que poderia ser a solução e construíram a primeira definição.

Depois que decidiram quais seriam as estratégias para cada passo, a conversa seguinte seria sobre o que fariam com os pequenos grupos que existiam. A maioria achou que deveriam fundir o que se fazia nos PG´s com os novos grupos de discipulado. João, no entanto, acreditava que deveriam ser duas coisas diferentes, pois para ele o seu PG era bem animado e eles gostavam muito de focar na comunhão. Amanda questionou que, se fossem duas coisas diferentes, ela mesma teria que, escolher entre um grupo de discipulado e o pequeno grupo no formato atual, pois não teria tempo para as duas coisas.

História DA IGREJA VIDA NOVA

Isso deixou o João chateado, pois fazia parte do PG da Amanda e não queria que ela saísse do grupo.

Conversaram bastante sobre isso e perceberam que talvez fosse melhor manter uma só forma de grupos na igreja, baseado no discipulado. O pr. Antônio ponderou, no entanto, que isso seria a decisão para a próxima etapa da igreja e que não estaria, necessariamente, escrito em pedra. Eles poderiam aprender com os erros e acertos e ajustar o caminho ao longo da jornada.

TAREFA DO GRUPO DE TRABALHO

Reflitam sobre as perguntas a seguir e registrem os principais pensamentos e definições:

1. O que mais chamou a atenção nas três estratégias principais: discipulado individual, em minigrupo ou em grupo?
2. Qual parece ser a melhor estratégia para cada passo da trilha de discipulado?
3. Quais são os riscos das estratégias que estão definindo?
4. Como podem ajustar a estratégia de grupos (células, PGs) para se alinharem com a estratégia de discipulado?

Orem juntos pedindo a orientação do Espírito Santo sobre essas definições, para que ele dê clareza sobre tudo isso.

6 QUAIS MATERIAIS ESCOLHER?

Capítulo

Finalmente, chegou o passo que, para alguns, normalmente seria o primeiro! Ainda bem que você segurou a ansiedade até aqui! Espero que seja recompensado.

Vocês já definiram os grupos, criaram as trilhas, escolheram as melhores estratégias, e agora chegou a hora de definir qual será o referencial textual/bibliográfico para cada passo, o conteúdo a ser desenvolvido no processo de discipulado.

Em cada trilha, é preciso identificar o material (livro ou recurso) que os ajudará a alcançarem o objetivo proposto daquele passo. Veja um exemplo (não se esqueça que é apenas um exemplo):

	Passo 1	Passo 2	Passo 3	Passo 4
Membro	●	●	●	●
Objetivo	Compreender e praticar o que é ser discípulo de Jesus	Compreender e praticar verdades essenciais a respeito do que é seguir a Cristo	Aprofundar no conhecimento e prática do relacionamento com Jesus	Descobrir e praticar mudanças necessárias de vida através da caminhada com Cristo
Material	A formação de um discípulo	Segue-me 1	Vida discipular 1	Vida discipular 2

A IGREJA QUE FAZ *discípulos*

Como o objetivo de cada passo já foi construído, agora fica muito fácil definir o material, pois o objetivo daquele passo é o norte a ser alcançado. É natural que, à medida que se estudem os possíveis materiais para cada passo, alguns ajustes finos nos objetivos aconteçam. Entretanto, não saiam mudando indiscriminadamente os objetivos para atenderem ao material que encontrarem, pois, se isso acontecer, toda a lógica construída da trilha poderá perder o sentido proposto.

Nessa etapa será necessário que o grupo de trabalho estude as diversas opções de materiais que existem para se chegar à conclusão de qual parece ser a melhor alternativa para cada passo. Serei sincero com você: isso demandará um bom tempo de estudo, análise e reuniões de definições. Mas valerá a pena, pois as decisões serão tomadas com melhor fundamentação. Além disso, vocês não definirão isso com base em um modelo prévio, mas farão algo elaborado e construído com a equipe e adaptado à sua realidade.

Para ajudar vocês nessa tarefa, vocês podem baixar o "Inventário de recursos de discipulado".[4] Você poderá usar essa lista como primeiro espaço de pesquisa e análise. Como primeiro nível, essa lista contém materiais testados e validados por muitas igrejas ao longo dos anos. Indico fortemente que você a leve em consideração. Contudo, não se limite a ela; pesquise e converse com outras pessoas, igrejas e organizações que podem ampliar a sua visão sobre os bons materiais disponíveis.

Não se esqueça de que o material serve ao objetivo de cada passo, e não o contrário. A trilha de discipulado não

---

[4] Disponível em: <www.discipuladonaigreja.com.br>.

poderá ser refém de um ou mais materiais. O que mais importa é o que foi definido ser alcançado naquele passo. O material é apenas uma ferramenta que será usada para chegar a esse objetivo. Se vocês perceberem que o material não está alcançando o objetivo que esperavam, não há problema em mudá-lo. Na verdade, é natural que os materiais sejam ajustados ao longo do processo de aprendizagem da igreja. A igreja ganha experiência aos poucos e, no processo de aprendizagem, a trilha é melhorada e os materiais também.

Lembrem-se de que é difícil um material ter tudo o que vocês queriam trabalhar naquele passo. Às vezes, ele tem uma parte do que vocês queriam. Às vezes, ele vai além do que gostariam de trabalhar. Não há problema em usar parte do livro em um passo.

Nessa etapa da implantação, algumas igrejas acabam perdendo a energia e se desviando do foco de trabalho. Acredito que isso aconteça porque percebem tantas opções e se perdem no emaranhado de propostas e materiais. Outro motivo é que começam a repensar a trilha definida e a se perguntarem se realmente fizeram as escolhas certas ao construir os passos da trilha. Não se esqueçam de que isso é apenas a primeira versão do processo de discipulado de vocês. O importante é construir a melhor versão possível e, com o tempo e com o aprendizado, ir melhorando. Só será possível melhorar se a sua versão existir, se for testada e validada.

MATERIAL PRONTO OU MATERIAL PRÓPRIO?

Algumas igrejas decidem desenvolver o seu próprio material para um passo da sua trilha de discipulado ou para toda a trilha. De fato, essa é uma opção válida e pode ser

A IGREJA QUE FAZ *discípulos*

uma alternativa. Quais são os benefícios e os riscos dessa estratégia? Bem, o benefício é que a igreja poderá desenvolver um material que seja exatamente o que ela deseja trabalhar em cada passo, seguindo o próprio DNA e abordagem. Os riscos são de a igreja investir muito tempo, energia e recursos nessa tarefa, por não ter a competência nessa área nem pessoas qualificadas e experientes para isso.

Algumas igrejas decidem seguir uma linha editorial ou um modelo já definido com uma sequência pronta de materiais, como *Igrejas em Células*. Como todas as outras, essa alternativa tem vantagens e desvantagens. A principal vantagem é que vocês não precisam pensar muito nos materiais e conteúdos, pois já existe uma proposta definida. A principal desvantagem é que vocês ficam presos a um caminho que pode não ser o melhor para a sua realidade nem se adequar aos passos que vocês acreditam serem os melhores para os seus grupos alcançarem.

Uma alternativa é a igreja adaptar os materiais, utilizando parte de um livro e orientando as pessoas a estudarem somente aqueles trechos que mais têm a ver com o que querem trabalhar em cada passo.

Desenvolver o próprio material é uma tarefa árdua e longa. Minha sugestão para quem está começando é: dê um passo de cada vez, inicie com materiais prontos, teste cada um deles e avance na implantação do discipulado. Ao longo do caminho, vocês chegarão à conclusão de que é possível criar um material para algum passo da trilha, mas talvez não precisem criar tudo do zero. A experiência de usar materiais prontos os ajudará a escrever seus materiais no futuro, caso optem por essa alternativa. O grande risco de iniciar construindo materiais próprios é que vocês demorarão muito para começar realmente.

Outra dica que tenho aprendido com as igrejas é: parece fazer mais sentido usar materiais prontos nas trilhas dos membros e líderes. Quando falamos dos novos na fé e pessoas que vêm de outras igrejas, a construção de um material próprio parece ser uma boa ideia, porque aponta o DNA daquela igreja: o que ela entende sobre salvação, comunidade e qual é o jeito que aquela igreja funciona.

Em alguns modelos de implementação de discipulado, o conteúdo trabalhado nos grupos é a própria mensagem pregada na igreja no domingo anterior. Por exemplo, o pregador ou pastor fala sobre amor ao dinheiro e todos os grupos devem conversar sobre esse tema durante a semana. O problema dessa linha de ação é que não existe um programa claro e sequencial de crescimento na fé. Cada semana se conversa sobre um assunto diferente, sem construir um processo ascendente e bem pensado de levar cada pessoa a trilhar um caminho de transformação. Como já foi explorado, os passos precisam ser dados para levar a pessoa a vivenciar as características do discípulo de Jesus que vocês escolheram.

DEFINIÇÃO DO TEMPO

Nesse momento, o tempo previsto para cada passo será definido. As primeiras ideias de tempo serão validadas ou não de acordo com o tempo do material. Se inicialmente vocês tinham previsto que um passo demoraria cerca de três meses, mas no processo perceberam que o melhor material para aquele passo exige quatro meses, faz sentido incluir essa pequena alteração, que mudará muito pouco no processo geral. É importante avaliar se, com todas as mudanças, o tempo geral não será afetado de maneira exagerada, a ponto de se tornar algo muito rápido ou demorado.

A IGREJA QUE FAZ *discípulos*

À medida que o discipulado for implementado, os discipuladores se tornam especialistas em dizer o tempo médio de desenvolvimento daquele material. Quando tudo isso estiver em execução, o tempo médio será refinado e vocês ajustarão o tempo total das trilhas.

E o que fazer com quem demora mais do que o previsto em cada passo? Não existe uma resposta única e padrão para essa boa pergunta. Se é uma experiência de discipulado individual, o discipulador tem toda a condição de fazer os ajustes e adaptações necessárias. Quando é um discipulado em minigrupo, ainda assim é possível fazer adaptações, mas isso complica um pouco o processo, porque há pelo menos duas pessoas que podem estar em ritmos diferentes de prática dos princípios. Entretanto, ainda é possível ao discipulador fazer um acompanhamento personalizado para cada um.

Quando temos um grupo, essa dificuldade aumenta. O discipulador deverá ter muita sensibilidade espiritual e diálogo com a pessoa que parece estar travada em algum ponto da caminhada. Além disso, será preciso dialogar com quem já tem mais experiência no acompanhamento de outros. Uma das saídas é o discipulador ter algum tipo de acompanhamento pessoal com a pessoa que está um pouco para trás. Outra solução é ter codiscipuladores (ou colíderes) que dividam a carga do acompanhamento individual dessas pessoas.

Em alguns casos, a pessoa pode ser convidada a repetir o processo desde o início e, em outros casos, trabalhar alguma questão específica que foi identificada e que precisa ser trabalhada antes de continuar. Em alguns casos, a pessoa poderá ser convidada a interromper o processo por um tempo. Nesses casos, será necessária a orientação do Espírito Santo e muita oração para entender o melhor caminho a tomar.

MATERIAIS INDUTIVOS
OU NARRATIVOS?

Uma dúvida muito comum que surge é que tipo de formato usar: materiais mais indutivos ou textos mais narrativos/dissertativos? Existem materiais que são indutivos, com perguntas prontas, e que o participante só precisa responder às questões propostas a partir da linha de raciocínio do escritor. Outro tipo de abordagem é escolher um material com *cara* de livro, com uma argumentação do autor, e a responsabilidade sobre o processamento desse texto fica com cada pessoa, ou com perguntas criadas pelo facilitador, ou por alguma equipe da igreja.

Note como não existe resposta fácil para essa dúvida. Irá depender das características do grupo e da habilidade do facilitador. Há pessoas que gostam do caminho mais estruturado, com perguntas prontas em que só é preciso seguir o roteiro. Há pessoas que preferem o texto aberto, com diversas possibilidades de aplicação pessoal. Cada pessoa tem a sua forma e estilo de aprendizado diferenciado.

Entretanto, na fase inicial da trilha de discipulado, é difícil a igreja oferecer todas as alternativas diferentes para cada passo, pois isso deixaria o processo complicado. Além disso, ter apenas um livro sem nenhuma pergunta de processamento daquele conteúdo dificulta a dinâmica em que as pessoas são instigadas a aplicarem as verdades na vida, especialmente nos primeiros passos de discipulado.

Se a igreja utilizar um material mais narrativo, é importante ter três ou quatro perguntas ao final de cada trecho a ser estudado, a fim de levar as pessoas a uma reflexão e prática das verdades trabalhadas naquela semana. Se o material/livro não tiver isso, alguém da igreja precisará construir.

A IGREJA QUE FAZ *discípulos*

Se a igreja utilizar um material indutivo, mostre àquelas que são criativas e que não gostam de seguir um roteiro de perguntas, que elas não precisam responder pergunta por pergunta como se fosse uma lição. O objetivo é que essas perguntas despertam nelas, o que as faz refletir sobre as verdades trabalhadas naquele trecho e como ela as aplicam em suas próprias jornadas de transformação pessoal.

No capítulo 10, trataremos do desafio da contextualização dos materiais para a nova geração.

DIGITAL OU IMPRESSO?

Em relação aos materiais, eles podem ser impressos ou digitais, dependendo das características dos participantes. Percebe-se que, de maneira geral, o recurso impresso ajuda na materialização do conteúdo e das tarefas, pois a pessoa tem aquele livro/guia/apostila na mão e deve escrever algo nele. Isso é simbólico e gera um nível maior de engajamento.

Mas, em determinados momentos, podem-se usar textos ou mesmo *e-books* que são mais acessíveis. Se houver a possibilidade de oferecer ambas as opções, cada pessoa poderá escolher o que ela prefere.

QUAL A DIFERENÇA ENTRE A TRILHA DE DISCIPULADO E O CURRÍCULO?

Normalmente, o currículo foca o conteúdo, os recursos e os processos avaliativos. O tempo de cada classe ou disciplina é fixo. Se as pessoas não atingiram a qualidade necessária, elas a repetem ou seguem para a próxima etapa. Na trilha de discipulado, o tempo varia de acordo com a necessidade de tempo para ocorrer a transformação. Os materiais, livros ou recursos não são o foco. A transformação de vida é o critério de análise para saber se a pessoa avançará ou não.

Além disso, o currículo normalmente soa para a maior parte das pessoas como um processo de ensino. No discipulado, o ensino está presente, mas não como um processo de ensino escolar, no qual há um professor que transmite informações para os alunos. A lógica é de vida na vida, em que pelo menos duas pessoas juntas querem crescer na fé e, para isso, usam recursos, estratégias e materiais que podem servir ao propósito principal.

No encontro marcado para conversar sobre os materiais, o grupo estava ansioso para dar os próximos passos. Todos queriam começar quanto antes o que haviam definido. João, no entanto, percebeu que precisava acalmar a todos para verem que ainda teriam algumas definições a serem feitas antes de começarem a divulgar e iniciar com toda a igreja.

Nesse capítulo, a pessoa mais empolgada no grupo era Alice. Como ela era professora e coordenava a área de ensino da igreja, estava fascinada com as possibilidades de materiais e currículos. Ela iniciou dizendo: "Acho que podemos escrever todos os materiais da nossa trilha para serem exatamente como queremos. Até pensei em fazer um cronograma de construção do conteúdo nos próximos doze meses!".

Depois que ela disse isso e começou a falar tudo que precisariam produzir e como seria o cronograma de escrita entre eles, pr. Antônio reagiu: "Será que realmente precisamos escrever tudo? Acho que não terei condições de fazer a minha parte no cronograma que você imaginou". Alice ficou um pouco surpresa, mas pediu para explicarem qual seria a alternativa. Maria respondeu: "Acho que podemos aproveitar alguns materiais que estão publicados e, quem sabe, ao longo do tempo, começar a escrever materiais próprios". Isso pareceu mais realista para a maioria.

Resolveram, então, selecionar três pessoas do grupo para fazerem o estudo exploratório dos materiais disponíveis. Usaram a lista de materiais sugeridos no site indicado e mais uma

História DA IGREJA VIDA NOVA

lista de materiais que pr. Antônio tinha na biblioteca pessoal e os materiais que Maria usou quando foi discipulada. Alice foi a pessoa destacada para liderar o grupo. No começo ela aceitou essa função um pouco frustrada, pois queria escrever tudo; mas, à medida que foi conhecendo os materiais, começou a tomar gosto pelo que viu e sua visão começou a mudar um pouco.

Um mês depois que o grupo menor, que estudava os materiais, concluiu sua análise, todos se reuniram e ouviram as percepções sobre os materiais. Como o grupo menor não tinha conseguido ir tão longe, decidiram escolher somente os materiais dos três primeiros passos e, no semestre seguinte, avançariam para os próximos. Isso deixou Alice um pouco incomodada, pois ela queria definir todo o currículo da trilha básica. Entretanto, o grupo não sentiu que tinha maturidade para fazer essas definições ainda.

A IGREJA QUE FAZ *discípulos*

TAREFA DO GRUPO DE TRABALHO

Sugiro os seguintes passos:

1. Definir por qual trilha começarão (minha sugestão é iniciar pela trilha de membros, pois é seu maior público e o mais multiplicador);
2. Definir quem será o responsável pela escolha dos materiais e uma ou duas pessoas para ajudarem no estudo e análise;
3. Escolher um conjunto de livros para estudar;
4. Adquirir os materiais escolhidos nas editoras ou lojas;
5. Estudar os materiais adquiridos;
6. O responsável e algumas outras pessoas que ajudaram na análise propõem a primeira versão;
7. Conversar no grupo de trabalho e definir a primeira versão com os materiais escolhidos e tempo aproximado de cada passo.

Capítulo

7 COMEÇANDO A IMPLEMENTAR

Chegou a hora de começar a implementar todas as definições construídas até aqui! Se você e sua equipe deram todos os passos sugeridos, terão condições de fechar o que já definiram e de começar a implementar um processo de discipulado na igreja.

Garanta que tudo está definido: os passos de fé, as estratégias e os materiais das trilhas dos grupos que escolheram. O ideal é que coloquem numa única tela as definições da trilha de cada grupo. Veja alguns exemplos:

Membro	O processo de discipulado da nossa igreja — Fase inicial					
Características esperadas do discípulo	**Passos na fé**	Passo 1	Passo 2	Passo 3	Passo 4	Passo 5	Passo 6
	Estratégias	DI, DG ou MG[1]	DI, DG ou MG	DI, DG ou MG	DI, DG ou MG	DI, DG ou MG	DI, DG ou MG
	Materiais	Livro 1	Livro 2	Livro 3	Livro 4	Livro 5	Livro 6

[1] DI — Discipulado individual
DG — Discipulado em grupo
MG — Minigrupo

A IGREJA QUE FAZ *discípulos*

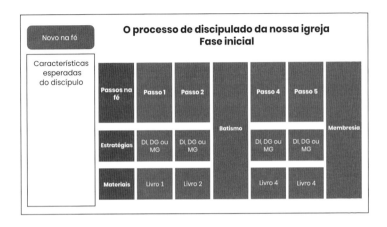

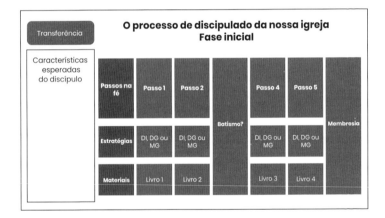

Caso ainda não tenham definido tudo, é possível começar? Sim! Muitas igrejas têm dificuldade de construir tudo antes de dar o primeiro passo. Para quem já tem um pouco de experiência, é possível; mas, para quem isso é novidade, ainda assim é possível iniciar o processo de implementação com um grupo prioritário de pessoas, como os líderes participando na trilha de membro, e, à medida que a implementação ocorre, o grupo de trabalho dá os próximos passos.

COMEÇANDO A IMPLEMENTAR

O melhor seria já terem tudo pronto, pelo menos a primeira trilha (membro), para poderem iniciar. No entanto, é possível iniciar a caminhada se vocês construíram pelo menos a descrição dos passos, as estratégias, e escolherem os três primeiros materiais da trilha do membro. Normalmente, a trilha que gera mais dúvidas é a do novo na fé, pois envolve decidir quais são os conteúdos mínimos e o que fazer em relação a quando batizar e tornar a pessoa membro. Por isso, sugiro iniciar a implementação com a trilha do membro e, ao longo do caminho, fazer as definições da trilha do novo na fé e as outras trilhas.

DANDO OS PRIMEIROS PASSOS

Depois de concluídas as principais definições, é hora de trabalhar na implementação dessas definições. A igreja poderá seguir basicamente dois grandes caminhos: praticar isso com um grupo de pessoas e aos poucos expandir, ou poderá lançar o processo para a igreja como um todo. Os dois caminhos têm suas vantagens e possíveis riscos. Vamos tratar desses dois caminhos agora.

O caminho de iniciar com um grupo de pessoas e, aos poucos, implementar para toda a igreja tem a grande vantagem de gerar transformação à medida de um tempo. Assim, a igreja tem a possibilidade de fazer ajustes depois de testar as primeiras definições. O grupo inicial pode ser o da própria liderança da igreja. Depois de toda a liderança ser discipulada, os líderes começam a discipular os membros da igreja e os novos na fé, até que os membros comecem a replicar isso com outros membros e a pensar nos não cristãos. Nesse caminho, o risco é a igreja não entender o movimento novo que está nascendo

159

e gerar algum tipo de desconforto. De qualquer forma, é importante comunicar à igreja de uma maneira sintética o movimento que está acontecendo, para que as pessoas não achem que tem algo escondido ou secreto em que elas não estão sendo convidadas a participar. A imagem a seguir sintetiza a sugestão das etapas de implementação por grupos:

Na primeira etapa, o melhor a fazer é começar pelo trabalho com a trilha dos membros, convidando primeiro pessoas-chave da igreja para serem parte do "teste". Depois, todos os membros podem ser incentivados. Quando a igreja estiver com a maior parte dos líderes no processo de discipulado e certa quantidade de membros começando a ser discipulada, ela começará a segunda fase, que tem a ver com as pessoas novas que chegam, sem os novos na fé, mesmo que sejam os que vêm de outras igrejas.

Não esperem que todos da igreja sejam discipulados para começar com esse grupo, pois é "água" nova entrando na igreja e que precisa entender o caminho de crescimento na fé proposto por vocês. Na terceira fase, sugiro começarem pelo trabalho da trilha de liderança, pois a essa altura do processo, os líderes necessitarão de ferramentas em seu próprio processo de crescimento e no crescimento de outros. E, por último, vão para o grupo dos que ainda não se converteram.

COMEÇANDO A IMPLEMENTAR

Nessa fase, a igreja terá mais experiência no processo de discipulado e mais pessoas ansiosas por replicar a transformação que viveram com outros.

No primeiro caminho de alcançar os grupos passo a passo, além de definir o primeiro grupo (o dos membros líderes), vocês poderão definir por quais pessoas começar. Existem líderes ou membros mais fáceis de iniciar, com menor resistência e mais "fome" do que outros. Eles podem ser ótimos iniciadores e, posteriormente, engajar outros no processo. É melhor começar com quem tem mais chances de responder positivamente, do que por aqueles que serão um peso para vocês. Peçam sempre a direção de Deus para orientar com quais pessoas começar, não se limitando às pessoas mais influentes. Como a experiência de Paulo (Gálatas 2.6) nos mostra, nem sempre os mais influentes aos nossos olhos e de acordo com as nossas referências são os que frutificam. Como diz Josué Campanhã, peçam a Deus para acender um holofote naquelas pessoas que Deus está chamando. Normalmente, jovens e casais mais novos são grupos de membros que respondem com mais intensidade e acolhimento a convites de discipulado. Vale a pena começar um piloto com esses grupos e avançar para outras faixas etárias da igreja. Além disso, boa parte desse grupo é a "força de trabalho" da igreja que atua em diversas áreas e ministérios.

A estratégia de Jesus foi concentrar a sua vida em um número relativamente reduzido de pessoas para, a partir desse grupo, ter a multiplicação de pessoas mais assertiva. Como disse Coleman, "quanto mais concentrado e compacto for o grupo a ser orientado, maior o potencial para uma instrução eficaz".[2]

[2] COLEMAN, Robert. **Plano mestre de evangelismo**. São Paulo: Mundo Cristão, 2017. p. 21, 25.

A IGREJA QUE FAZ *discípulos*

Jesus garantiu que os onze apóstolos fossem o "grupo base", preparado o suficiente para levar isso ao resto do grupo. O mesmo processo pode acontecer com sua igreja: a partir de um grupo menor de líderes, a visão poderá alcançar toda a igreja. Veja o testemunho de Coleman a esse respeito:

> Não é bom achar que começaremos com um número elevado, nem devemos querer que seja assim. O melhor trabalho sempre se faz com pouca gente. É muito melhor dedicar um ano a alguém que aprenda o significado de ganhar pecadores para Cristo do que passar a vida inteira garantido a manutenção do programa de uma igreja. Também não importa se o começo parece muito pequeno ou pouco promissor: o que vale é que aqueles a quem damos prioridade aprendam a transmitir a outros.[3]

O segundo caminho é iniciar com toda a igreja. Ele tem a grande vantagem de provocar um movimento maior com todos. Assim, os convidamos (toda a igreja) a se envolverem em algo que não faz parte só de um grupo específico, mas é para todos. O risco é não ter discipuladores disponíveis para o número de pessoas interessadas e causar uma pressão na equipe de liderança responsável. Além disso, é possível que, como é algo que foi definido recentemente, alguns ajustes sejam necessários, mas o processo já foi instalado para todos, o que dificulta o rearranjo. Nesse caminho, é importante comunicar à igreja de maneira intensa para que percebam a

---

[3] COLEMAN, Robert. **Plano mestre de evangelismo**. São Paulo: Mundo Cristão, 2017. p. 113.

relevância do que foi definido e deixar bem claro quando e como irão se envolver no processo de discipulado, além de todos os detalhes relevantes. Essa alternativa também pode funcionar quando a igreja é muito pequena, e qualquer definição importante tiver um alcance a toda comunidade quase de forma imediata.

Se a igreja não tem experiência em processos estruturados de discipulado, sugiro irem pelo primeiro caminho, pois será mais seguro e terá menos resistência. Se a igreja tiver algum processo de discipulado, mas quiser fazer ajustes de metodologia ou de estratégia, pode tomar o segundo caminho, mas com muito cuidado e preparação dos facilitadores.

É possível que a primeira trilha desenvolvida tenha que ser atualizada depois de algum tempo. Isso se dará porque vocês precisarão trabalhar com os membros atuais da igreja, a fim de levá-los a entender o que é ser discípulo e a viver uma vida de seguimento a Jesus. Depois que a maioria tiver entendido e colocado em prática essa realidade, provavelmente a trilha dos membros será apenas para os novos na fé que estão chegando. Daí, alguns temas e assuntos poderão ser colocados na trilha dos novos da fé ou simplesmente deixados de lado.

PREPARAÇÃO DOS DISCIPULADORES

Diversos modelos de multiplicação de discipulado falham neste ponto: a preparação dos discipuladores. Por vezes, o material é bom, a estratégia parece ser a correta, mas simplesmente colocam pessoas para atuar como discipuladores sem preparo e maturidade suficientes. Pessoas que ainda não vivenciaram mudanças significativas na sua vida como

A IGREJA QUE FAZ *discípulos*

discípulos de Jesus assumem uma responsabilidade sobre a vida de outras pessoas sem estar preparadas para isso.

Então, como preparar os discipuladores? O essencial, por incrível que pareça, é garantir que passem pela trilha de discipulado da qual irão ser discipuladores. Por exemplo, se a trilha de membro da igreja tem sete passos, é importante que o discipulador tenha passado pelos passos iniciais para poder começar a discipular. Uma alternativa é definir um número mínimo de passos necessários. Nesse exemplo de uma trilha de sete passos, a igreja pode definir que deve chegar pelo menos ao quarto passo. Isso dependerá dos passos da sua trilha e do que se aborda em cada um.

Claro que no início haverá um tempo em que os discipuladores começarão a discipular sem terem uma visão ampla do processo, pois será um tempo de implementação do processo de discipulado. Essa etapa inicial de implementação poderá ser diferente. Com o tempo, numa transição, vocês poderão exigir que as pessoas deem passos mais à frente a fim de iniciarem um processo de discipulado formal.

Além da trilha básica, a igreja poderá criar um curso rápido de preparação daquele tipo de estratégia específica. Por exemplo: como ser um discipulador individual? Ou como ser um líder discipulador de grupo? A pessoa interessada em se tornar um discipulador aprenderá com quem tem mais experiência nos aspectos básicos daquela estratégia, e só iniciará após entender melhor como funciona o discipulado naquela estratégia para sua igreja específica.

Na preparação dos discipuladores é importante trabalhar com eles os pontos cruciais do papel que irão exercer. O primeiro ponto é seu papel de pastoreio da pessoa ou do grupo, não de chefia, de professor ou líder. O segundo ponto

COMEÇANDO A IMPLEMENTAR

é trabalhar com os discipuladores e levá-los a entender o seu papel de discipulador: levar a pessoa a crescer na fé. O discipulador trabalha para levar o outro a desenvolver sua vida de discípulo e ter transformação real de vida. Ele usa a Bíblia e ferramentas à sua disposição não para gerar conhecimento no outro, mas para ajudá-lo a colocar em prática a verdade do Evangelho em sua vida.

O terceiro ponto é definir os limites de atuação do seu papel, levando-os a entender que terão limitações no cuidado e na abordagem com as pessoas. Eles não são terapeutas, *coaches*, conselheiros, amigos ou filhos. Algumas das características dessas relações podem estar presentes, mas a relação não é caracterizada por isso, pois há limites.

Por último, mas não menos importante, é importante ter cuidado para não sobrecarregar os líderes no processo de implementação do discipulado. Normalmente, as pessoas que são despertadas e se envolvem no processo de discipulado já são líderes na igreja e desempenham diversas outras atividades em ministérios, além de outras iniciativas. Se essas pessoas continuarem a fazer tudo o que faziam, e ainda adicionarem novas responsabilidades em discipular pessoas, pode ser que fiquem sobrecarregadas e não consigam fazer tudo com excelência. O ideal é que reavaliem sua vida para deixar de fazer algumas coisas e colocarem energia no discipulado e, se realmente for necessário, em no máximo outra função chave na igreja.

ACOMPANHAMENTO DO
PROCESSO DE DISCIPULADO

Ao longo da caminhada com os discípulos, Jesus os envolveu em experiências para experimentarem como era levar a mensagem do Reino a algumas cidades. O texto

A IGREJA QUE FAZ *discípulos*

bíblico diz que, depois de voltarem, "reuniram-se a Jesus e lhe relataram tudo o que tinham feito e ensinado" (Marcos 6.30; Lucas 9.10). Jesus não somente os preparou para essa experiência, como os ajudou a compreender o que havia acontecido, preparando-os para a próxima fase. Em várias situações, como aquela em que eles queriam impedir alguém de falar de Jesus (Lucas 9.49-50) ou quando pediram fogo do céu contra a cidade de Samaria (Lucas 9.51-56), Jesus os corrigiu e mostrou como lidar com as pessoas em seus diversos estágios de amadurecimento na fé.

Coleman, mais uma vez, mostra essa verdade dizendo:

> Muitas outras passagens poderiam ser citadas para mostrar como Jesus verificava as ações e as reações de seus discípulos de acordo com as várias situações difíceis que enfrentavam. Ele ficava atrás deles o tempo todo, dando-lhes cada vez mais atenção conforme seu ministério terreno chegava ao fim. Jesus não permitiria que os discípulos descansassem no sucesso ou no fracasso. Não importava o que fizessem, sempre havia mais a fazer e a aprender. Ele se alegrava com o êxito de seus seguidores, mas seu objetivo era nada menos do que conquistar o mundo todo para o Reino de Deus. Para alcançar esta finalidade, ele sempre coordenava os esforços dos discípulos.[4]

Por essa razão, é importante que, desde o início, vocês encontrem uma maneira de acompanhar as pessoas em discipulado, tanto os discipulandos quanto os discipuladores. Do que se trata esse acompanhamento? Trata-se de saber como

---

[4] COLEMAN, Robert. **Plano mestre de evangelismo**. São Paulo: Mundo Cristão, 2017. p. 96.

COMEÇANDO A IMPLEMENTAR

está a saúde do processo de discipulado, independentemente da estratégia que adotarem.

Acompanhamento é diferente de controle. Controle é querer saber de tudo o que acontece e ter a expectativa de interferir nesses acontecimentos. Acompanhamento é um legítimo interesse e responsabilidade pelo processo e o resultado do discipulado. Discipuladores podem ter muitas dúvidas ao longo do caminho e é preciso dar um suporte e *feedback* para eles.

Portanto, desde o início, é importante saber quais pessoas são os discipuladores e quais são os discipulandos, em qual passo estão e deixar claro para todos constantemente que eles têm uma liderança que está disponível para lidar com todas as adversidades e dúvidas ao longo do caminho. E isso irá acontecer. Não estamos falando de um projeto corporativo em que basta planejar e seguir os passos até o fim e tudo deverá sair como planejado, de maneira impessoal. Estamos falando de um projeto espiritual, que tem a ação do Espírito Santo, mas por outro lado também tem a ação do inimigo. Também estamos falando de seres humanos que não seguem um processo totalmente estruturado. Cada pessoa lida com as diferentes questões pessoais de maneira diferente de outra pessoa. Por vezes, o discipulador não saberá como ajudar alguém a vencer uma questão em sua vida e precisará do apoio de pessoas mais experientes.

Hoje existem diversos aplicativos que podem facilitar o acompanhamento das pessoas e dos discipuladores. A tecnologia pode ser uma excelente aliada para dar um panorama de quem está sendo discipulado, em que fase do processo de discipulado está, e gerar informações para a liderança saber onde atuar e como lidar com os principais desafios encontrados por discípulos e discipuladores.

A IGREJA QUE FAZ *discípulos*

No esforço e desafio de acompanhar outros, acontece algo espiritual que só poderá compreender quem o vive: não só vemos o que precisa ser corrigido no processo, mas somos agraciados por Deus pelos testemunhos maravilhosos das pessoas em transformação. E não é só transformação na vida dos discipulandos, mas na vida dos discipuladores também! Não dá para mensurar quanto a minha vida foi transformada no processo de ser discípulo, mas também no processo de fazer outros discípulos. Pode parecer que, quando levamos outros a crescerem na fé, estamos apenas cumprindo um chamado, uma ordem, mas, na verdade, é nesse momento que mais crescemos e temos que colocar em prática tudo aquilo que dizemos acreditar. Quando estou discipulando pessoas, tenho que ler mais a Bíblia, orar mais, meditar mais na Palavra e refletir sobre a caminhada do discípulo. Sou confrontado a não ser hipócrita quando ensinar o que não vivo. E, assim, cresço mais na fé.

MULTIPLICAÇÃO DO DISCIPULADO

Jesus dedicou a maior parte do seu tempo a doze homens. Desses, a maior parte se manteve firme (onze). E, a partir desses, a comunidade dos discípulos se desenvolveu e cresceu. Os apóstolos, como o exemplo citado de Paulo, continuaram usando o método de Jesus e levando as pessoas a se tornarem discípulas dele e ajudando-as a crescer na fé. Os primeiros discípulos que haviam sido de fato transformados e continuaram numa jornada de transformação, naturalmente transmitiam vida através da própria vida, por onde andavam, influenciando outros a seguirem a Cristo e a continuarem sendo seguidores ao longo da vida, respondendo à convocação de Mateus 28.18-20.

COMEÇANDO A IMPLEMENTAR

O processo de discipulado é intrinsecamente reprodutivo e multiplicador em sua natureza. Um discípulo verdadeiro transmite vida naturalmente, mas também intencionalmente. Quando uma pessoa discipula outra (seja qual for a fase do relacionamento com Cristo), eleva o número de pessoas em discipulado em 100%. Se você fizer as contas, assim como muitos fizeram, verá que a multiplicação do número de discípulos cresce vertiginosamente com o tempo.

É evidente que toda previsão de crescimento necessita levar em conta o discípulo "Judas", aquele que não se converteu e se perdeu, ou o discípulo "Tiago", que morreu muito cedo e não teve a vida inteira para gerar discípulos, dentre outros motivos que surgem como barreiras a serem transpostas. Mas, mesmo com esse percentual de perda, é impressionante como o número de pessoas em discipulado cresce à medida que cada pessoa decide discipular outros.

Portanto, o discipulado sério e conforme Jesus fez, tem o potencial de influenciar toda a humanidade e alcançar os confins da terra, inclusive aqueles que já se dizem "cristãos", mas não se tornaram discípulos ou não vivem uma vida de discípulo. Para isso, é preciso ter pessoas que realmente sejam discípulas de Jesus e atuem de maneira intencional para levar outros a se tornarem discípulos, e fazer isso de forma recorrente, ensinando seus discípulos a multiplicarem o que receberam.

Focando a igreja no discipulado

Capítulo

8 A CENTRALIDADE DO DISCIPULADO NA IGREJA

Se você iniciou um esforço de implantação do discipulado em sua igreja, já deve ter percebido que essa abordagem deve ter levado a liderança e muitos discípulos a reavaliarem a própria igreja e suas prioridades. Quase que de modo natural, as pessoas começam a repensar o tempo que investem em outras atividades ou programações da igreja. A dúvida e crítica que muitos começam a fazer nesse momento é que algumas coisas parecem não contribuir para o seu crescimento espiritual, e acabam gastando muito do seu tempo.

De fato, de maneira geral as igrejas acabaram criando uma programação semanal de atividades que suga a energia e o tempo das pessoas, mas nem sempre essas atividades são boas ferramentas no processo de transformação efetivo das pessoas. Muitas delas frequentam a igreja há anos, sem necessariamente estarem progredindo no crescimento espiritual.

Este capítulo entrará nesse difícil desafio e proporá um caminho de reflexão e ajustes. Entretanto, minha sugestão é que você e seu grupo de trabalho pulem para essa próxima etapa somente depois de terem implementado as etapas anteriores.

A IGREJA QUE FAZ *discípulos*

Isso se dá porque as mudanças iniciadas nas etapas anteriores precisam ser vivenciadas de maneira profunda e depois de gerarem algum nível de transformação suficiente para promover o ambiente adequado para as próximas transformações. Mesmo que nem tudo tenha sido efetivamente implementado nas etapas anteriores, pelo menos a liderança da igreja estará envolvida no processo de discipulado na trilha de membro.

A IGREJA FOCADA NO DISCIPULADO

Se fomos chamados para ser e para fazer discípulos, a conclusão é que a Igreja deveria estar focada no discipulado, especialmente na perspectiva de discipulado que trabalhamos neste livro. A Igreja do Novo Testamento é a comunidade dos discípulos do Cristo ressurreto. Eles começaram a andar juntos, a se reunir e a trabalhar juntos, porque tinham em comum o fato de seguirem o mesmo Mestre. Essa é base de sua identificação. Eles descobrem seus dons e começam a ajudar uns aos outros a se desenvolverem como discípulos. Tudo que fazem tem por motivo serem discípulos de Jesus, estarem buscando se parecer mais com ele e quererem levar outros a se tornarem discípulos como eles. A Igreja do Novo Testamento tinha como foco o seguimento a Jesus e levar outros a segui-lo.

Se somos uma comunidade de discípulos desse mesmo Cristo, deveríamos estar buscando fazer a mesma coisa. Se a Igreja não tem esse foco, talvez tenha se afastado muito da prática da igreja que vive focada em Jesus. E ter esse foco não significa dizer, no entanto, que a Igreja não fará mais nada. Acontece que ela foi chamada especialmente para esse fim, e, quando discípulos verdadeiros são formados, tudo mais pode acontecer. Essa comunidade de discípulos buscando se parecer mais com Jesus poderá ter:

- **Comunhão**: porque discipulado acontece por meio de relacionamentos intencionais significativos;
- **Influência na sociedade**: porque o discípulo deve ser estimulado a influenciar outros a partir da sua própria vida em todas as necessidades do ser humano, assim como Jesus fez;
- **Serviço**: porque o discípulo deve ser estimulado a servir intencionalmente e de forma sacrificial como Jesus fez;
- **Adoração**: porque o discípulo aprende que constantemente necessita estar em conexão com Deus, adorando, louvando, confessando pecados e tendo um estilo de vida que agrade ao Pai;
- **Ensino bíblico**: porque o discípulo quer compreender melhor o seu Mestre e ouvir a sua Palavra de forma aplicada;
- **Missão**: porque o discípulo entende que precisa levar outras pessoas a experimentarem o relacionamento com Jesus e a terem a vida e a família transformadas.

Uma igreja focada em levar as pessoas a serem e a fazerem discípulos de forma séria e organizada pode alcançar esses objetivos, e tantos quantos entender ser necessário. Quando uma igreja prioriza o discipulado, é muito mais fluido e viável que as demais coisas aconteçam. Isso não quer dizer que elas acontecerão de forma plenamente natural. Será preciso

A IGREJA QUE FAZ *discípulos*

um esforço coordenado para que as pessoas continuem em comunhão, sejam incentivadas a influenciarem a sociedade, a servirem etc. Pelo viés do discipulado, isso pode ser ensinado e vivenciado. Tudo isso (servir, influenciar a sociedade etc.) deve estar na trilha de discipulado. É isso que amarra tudo.

É muito difícil uma igreja ser focada em algum desses pontos e esse foco gerar todos os demais. Por exemplo, se estimularmos as pessoas a viverem com o foco no serviço, sem se tornarem discípulos, pode acontecer de elas não aprenderem o que é ser um discípulo de Jesus e poderão se tornar apenas voluntários de algum movimento. Se organizarmos a igreja focada no ensino bíblico, elas não serão necessariamente discípulos de Jesus, porque podem saber apenas algo sobre a Bíblia, mas não necessariamente praticar aquilo que aprenderam.

Nenhuma dessas conclusões que estou levantando é algo que foi descoberto agora, ou algum novo modelo de igreja, ou uma nova moda passageira. É um esforço intencional para voltar ao foco indicado por Jesus ao dar a missão à sua comunidade de discípulos.

O discipulado pode começar a se tornar, então, um grande "chassi" ou estrutura básica, segundo a qual organizamos tudo na igreja. A trilha de discipulado dá o norte para o que queremos desenvolver e, a partir dela, encaixaremos tudo mais. As atividades que fazemos como igreja podem ser reavaliadas a partir desse direcionador do discipulado. O conteúdo das mensagens pregadas pode ser alinhado a partir desse direcionador do discipulado. Tudo que se faz na igreja pode ser repensando, reavaliado, alinhado a partir da perspectiva do discipulado.

Focar a igreja na convocação de Jesus, de viver fazendo discípulos em todas as nações, também deverá envolver a perspectiva de influenciar pessoas a conhecerem o poder de Deus. Conhecer o poder de Deus tem a ver com sinalizar através da nossa vida relances e vislumbres do que esse Deus faz em nossa vida, e de como a perspectiva do Reino pode nos transformar, transformar relações, instituições, organizações e o mundo. Uma perspectiva de discipulado e Reino precisa ser ensinada e vivenciada para as pessoas entenderem como podem ser discípulos de Cristo no mundo.[5]

Digo mais uma vez, sem medo de parecer repetitivo: não estamos falando de um novo método/modelo/ideia de igreja. O objetivo é relembrar qual a missão de Deus para a Igreja e alinhar a sua comunidade e tudo o que ela faz a partir desse direcionador. Existe uma base comum que faz sentido a todas as igrejas, mas também existe um chamado específico para cada comunidade. Cada comunidade pode ser uma faceta desse grande chamado.

---

[5] Sobre essa perspectiva, recomendo a leitura do livro **A missão do povo de Deus**, de Christopher Wright.

Quando começaram a estudar e conversar sobre a Parte III do livro, já fazia três meses que o grupo de trabalho havia iniciado a implantação do processo de discipulado. Nesse tempo, algumas pessoas estavam sendo discipuladas no primeiro passo e cada pessoa do grupo de trabalho estava começando a sua jornada como discipulador. As conversas, que antes eram mais teóricas, agora eram vivenciadas na prática. Conceitos que antes eram ideias intrigantes agora eram praticados com esforço e dedicação.

Foi nesse contexto que o grupo retomou o processo para começar a pensar na próxima fase de implantação do discipulado na igreja. Agora, eles começavam a pensar em como essa experiência que vivenciavam poderia ser uma realidade para toda a igreja. Infelizmente, nessa nova etapa, uma das pessoas que iniciou com o grupo acabou não continuando. Maria, que estava tão focada em discipular pessoas, decidiu não aceitar o compromisso de continuar com eles. Todo o grupo sentiu sua falta, porque era uma das pessoas que mais entendiam sobre discipulado.

Assim que o grupo iniciou, pr. Antônio e João explicaram quais seriam os próximos passos que o grupo daria e como estudariam cada capítulo da Parte III do livro. O sr. Domingos ficou preocupado em dar mais passos nesse momento, sendo que ainda começavam a implantar o discipulado, com eles mesmos aprendendo a fazer isso. O pr. Antônio explicou que, se eles não começassem a pensar nos próximos passos,

História DA IGREJA VIDA NOVA

logo o discipulado começaria a disputar com diversas outras atividades e ideias na igreja. João complementou, dizendo: "As pessoas estão ouvindo falar sobre discipulado e estão começando a nos procurar pedindo para ser discipuladas. Precisamos pensar em como levar isso a uma nova dimensão!".

Depois desse início, o grupo de trabalho começou a conversar sobre qual era o foco da igreja. João disse que o foco da igreja era a Palavra, ao que o sr. Domingos imediatamente concordou. Já Alice disse que o foco na verdade não era *bem* a Palavra, mas o ensino da Palavra. Ricardo disse que o foco da igreja eram as missões, pois faziam muitos eventos, ofertas especiais e convidavam missionários para pregar, além das viagens missionárias pontuais. Amanda acreditava, no entanto, que o foco da igreja era a família, da maneira como Deus queria. Depois de ouvirem tantas ideias diferentes, pr. Antônio, que até então estava calado, soltou uma conclusão: "Pelo visto a nossa igreja não tem um foco, pois não está claro nem para este grupo qual é esse foco". Todos começaram a rir e acabaram concordando com o pastor.

Depois disso, João questionou o grupo: "Faz sentido, então, colocar o discipulado como algo central em nossa igreja? O que é mais essencial?". Todos, quase em uníssono, disseram "Sim", e acharam que isso estava claro. Alice, no entanto, disse não saber muito bem como exatamente é isso ou o que, na prática, isso significaria, mas deu um voto de confiança ao grupo para seguirem esse caminho.

A IGREJA QUE FAZ *discípulos*

TAREFA DO GRUPO DE TRABALHO

Reflitam sobre as perguntas a seguir e registrem os principais pensamentos e definições:

1. A igreja tem um foco?
2. Faz sentido colocarem o discipulado como o foco da igreja?
3. Como ter o discipulado como foco poderia mudar a igreja?

Orem juntos, pedindo a orientação do Espírito Santo sobre essas definições, para que ele dê clareza sobre todas as coisas.

---

9 DEFININDO UM PROPÓSITO PARA A IGREJA

Se a sua igreja começou a experimentar o que uma experiência estruturada de discipulado pode gerar em termos de transformação na vida das pessoas, e se já conseguiu estruturar minimamente alguma trilha de discipulado, vocês devem ter percebido que faz sentido ter uma direção geral para a igreja como um todo a partir do conceito e prática do discipulado. Então, agora é hora de dar o próximo passo: repensar o propósito da sua igreja de forma específica.

Nos diversos projetos de consultoria e capacitação nos quais trabalhei, normalmente começamos por esse ponto, antes de tudo mais. Entretanto, tenho percebido que, se a igreja não experimentou verdadeiramente o discipulado, definir uma visão ou um propósito antes disso será inócuo. Não dá para eu falar sobre algo antes de tê-lo experimentado. Ter um grupo de pessoas que entendeu, internalizou e vivenciou uma experiência de discipulado dá a esse grupo poder de construir e sintetizar um propósito de maneira muito mais clara.

Por isso, optei, como sugestão neste livro, que você comece vivenciando a experiência com um grupo de pessoas para

A IGREJA QUE FAZ *discípulos*

depois, a partir da primeira vivência, esse grupo decidir por qual caminho seguirão. Isso não quer dizer que a expcriência será suprema. Obviamente, precisarão olhar para a Palavra, que será sempre o norte. Mas a Palavra sem ser vivenciada é pura letra morta.

Neste capítulo, então, vamos trabalhar a construção do propósito da sua igreja. Mesmo que sua igreja já tenha isso pronto, valerá a pena repensar o que foi feito à luz da experiência que estão vivendo, para então avaliar se é necessária alguma mudança.

DEFININDO UM PROPÓSITO

Eu escolhi a palavra *propósito*, mas vocês também podem chamar de *visão*. Ou, se quiserem, podem dividir entre as clássicas ideias de *missão e visão*. Poderíamos gastar muitas páginas explicando a diferença entre esses conceitos e as diversas perspectivas que se tem delas. Mas penso que isso não será muito útil no processo construtivo que estou procurando transmitir com esse livro. De forma simples, poderíamos dizer o seguinte:

- **Missão**: tem a ver com a razão maior de existência daquela organização/pessoa. Normalmente é atemporal ou de longo prazo.
- **Visão**: tem a ver com o chamado específico de Deus para aquela organização/pessoa num determinado período. Podem ser temporais ou específicos e são dados por Deus para alguém ou para um conjunto de pessoas.
- **Propósito**: tem a ver com o motivo de aquela organização/pessoa ser e o que se pretende alcançar. Define o que espera dela a partir de sua existência.

DEFININDO UM PROPÓSITO PARA A IGREJA

Perceba que os conceitos se misturam. Em alguns contextos se entendem missão e visão de forma oposta à que citei, mas na maioria dos casos é dessa forma. Para simplificar, prefiro sugerir que a igreja escolha apenas uma ideia e a chame de *Declaração de propósito*, pois essa é uma frase só, o que facilita a compreensão e a internalização pela comunidade. Entretanto, se sua igreja quiser usar a tradicional diferenciação entre missão e visão, fiquem à vontade.

Depois de decidirem qual ideia usarão, o desafio será definir essa frase. Ter um propósito definido gera clareza. O livro *Igreja simples*[6] apresenta uma pesquisa feita com milhares de igrejas e indica que as igrejas que têm claro um processo de discipulado são as igrejas que crescem e são vibrantes. As pessoas sabem para onde a igreja está indo e como as pessoas crescem na fé. Sem um propósito ou visão definida, dificilmente uma igreja conseguirá crescer de maneira consistente e estruturada. Tudo dependerá dessa definição basilar.

Depois de ajudar muitas igrejas a construírem o seu propósito, eu diria que o maior aprendizado que já tive até hoje nessa tarefa é o seguinte: o propósito da igreja precisa estar conectado ao processo de discipulado da igreja. Explico isso em detalhes agora.

Espero que até aqui vocês tenham feito a construção das trilhas de discipulado para todos os grupos, desde os novos na fé até os líderes. O conjunto dessas trilhas de discipulado com seus passos, estratégias e materiais é o que chamo de *processo de discipulado da igreja*.

---

[6] RAINER, Thom S.; GEIGER, Eric. **Igreja simples:** retornando ao processo de Deus para fazer discípulos. Brasília: Editora Palavra, 2011.

A IGREJA QUE FAZ *discípulos*

O processo de discipulado da nossa igreja
Desde a entrada até a fase inicial do membro

Propósito da igreja:

Novo na fé	Passo na fé 1	Passo na fé 2	Passo na fé 3	Passo na fé 4		
Transferência	Passo na fé 1	Passo na fé 2	Passo na fé 3	Passo na fé 4		
Membro	Passo na fé 1	Passo na fé 2	Passo na fé 3	Passo na fé 4	Passo na fé 5	Passo na fé 6

Características do discípulo esperadas:

O propósito da igreja precisa refletir o processo de discipulado definido. O propósito é, na verdade, uma espécie de resumo ou síntese de tudo isso. Também poderíamos dizer que é um macroprocesso de discipulado.

O livro *Igreja simples*[7] aponta, com base na pesquisa feita nas igrejas, que, se o propósito da igreja é o processo de discipulado, a chance de os dois serem mais bem internalizados pela igreja é muito maior. Em vez de duas coisas diferentes, temos uma só. É a união do "o que" da igreja com o "como". O *que* pretendem levar a pessoa a se tornar é também o *como* pretendem levá-la.

Vejamos, então, como exemplo, uma igreja que tenha a seguinte trilha básica do membro em processo de discipulado:

Nesse caso, o seu propósito poderia ser, por exemplo:

---

[7] RAINER, Thom S.; GEIGER, Eric. **Igreja simples:** retornando ao processo de Deus para fazer discípulos. Brasília: Editora Palavra, 2011.

DEFININDO UM PROPÓSITO PARA A IGREJA

- "Levar as pessoas a se tornarem discípulos de Jesus"; ou
- "Fazer discípulos e influenciar ao mundo"; ou
- "Ser e fazer discípulos que sirvam ao próximo; ou
- Outra versão que expresse aquela trilha.

A *Declaração de propósito* pode variar, porque dependerá da forma como cada igreja estruturou o seu processo de discipulado e qual o foco que querem dar em sua declaração.

O PROCESSO DE CONSTRUÇÃO DO PROPÓSITO

Sempre me perguntam se é adequado copiar uma declaração de outra igreja. Eu digo o seguinte: você pode se inspirar em declarações de outras igrejas e até mesmo usar palavras iguais ou toda a frase. O mais importante, na verdade, será o espaço real de reflexão. Sem tempo de oração, reflexão por parte da equipe e tempo para construção efetiva, a frase copiada ou inventada não servirá para nada. Se de fato houver bastante reflexão e tempo de construção coletiva, não há problema em usar determinadas ideias de outras referências. O mais importante será ter clareza do que Deus está direcionando o grupo a ser e a fazer.

Algumas dicas sobre a formulação da *Declaração de propósito*:

- Façam-na em uma única frase a ponto de ser possível ser dita de cor por qualquer pessoa;
- Usem palavras que qualquer pessoa entenda, mesmo que não seja cristã e mesmo que ela não

A IGREJA QUE FAZ *discípulos*

compreenda a profundidade de todos os conceitos (no mínimo consiga entender do que vocês estão falando);

- Alinhem essa *declaração* com o processo de discipulado;
- Organizem as ideias da *declaração* com o processo cronológico de envolvimento com a fé e com a igreja.

Ter uma *Declaração de propósito* definida contribui para a melhor compreensão do processo de discipulado da igreja e para criar unidade naquele que será o foco da igreja.

História DA IGREJA VIDA NOVA

No dia agendado para conversar sobre o capítulo de definição do propósito da igreja, João passou a madrugada pesquisando todas as declarações de visão e missão das igrejas mais relevantes que ele conhecia. Ele fez um apanhado geral e imprimiu tudo para levar ao grupo de trabalho. Quando chegou e entregou uma cópia da sua pesquisa para cada integrante, todos se assustaram e sentiram perdidos com tanta informação.

O pr. Antônio, então, percebendo o caminho que João estava seguindo, resolveu interferir: "Creio que essa não é a melhor alternativa de construção coletiva. É melhor começarmos pensando sobre o que queremos e o que Deus está nos chamando a fazer. Depois pode ser que a gente compare com outras referências, se sentirmos necessidade". João se sentiu um pouco decepcionado, mas decidiu seguir a orientação do pastor.

Naquele dia, como o tema do encontro era relevante, pr. Antônio sugeriu que investissem mais tempo em oração para que Deus os orientasse na direção que deveriam tomar. O pastor já havia percebido que a definição do propósito se daria nessa conversa e sentiu a importância de ter a iluminação do Espírito sobre o grupo. Depois de um tempo de oração, Amanda sugeriu que usassem a palavra *propósito* em vez de usarem *missão* e *visão*. Ela se sentiu receosa de ter muitos termos e as pessoas não guardarem essas informações. A maioria concordou e eles seguiram nessa direção.

Antes de começarem a pensar na frase exata que adotariam, sr. Domingos questionou a todos se realmente era necessário alterar a missão e a visão que a igreja já tinha desenvolvido. Quando ele disse isso, metade do grupo manifestou uma expressão indagadora, como se perguntassem: "Qual missão e visão?". O sr. Domingos explicou que o pastor anterior ao pr. Antônio havia redigido as duas frases e comunicado à igreja, há mais de uma década, e que acreditava não ser necessário mudar. Nesse momento, Ricardo perguntou: "Mas quais são, exatamente, as frases que criadas?". O sr. Domingos conseguiu surpreender a todos, mais uma vez: "Não me lembro!". Ele argumentou que antes elas apareciam no boletim, mas depois de um tempo tiraram as frases e ele nunca mais as viu.

Alice, com um sorriso discreto, disse: "Se não sabemos, provavelmente a maioria das pessoas da igreja não deve conhecer. E, se ela não é conhecida, não faz muita diferença na prática, pois não estamos fazendo essa antiga missão e visão acontecerem". João pensou que era possível sr. Domingos ficar bravo com a resposta da Alice, mas ele fez uma expressão de decepção e acabou concordando com a análise dela.

Depois disso, todos começaram a pensar na declaração do propósito. João propôs uma frase, depois Ricardo outra e Amanda outra. Para facilitar, Alice colocou num quadro as três propostas de frases e começaram a avaliar as diferenças entre elas. No início, Ricardo tentou, a todo custo, defender a sua frase como a melhor, e alguns se mostraram receosos de questioná-lo. Depois, ele passou a entender que algumas expressões que Amanda tinha usado poderiam ser melhores.

Com um tempo, a conversa deu uma "engasgada". Eles estavam quase definindo uma frase, quando João questionou

História DA IGREJA VIDA NOVA

algo que os deixou com dúvidas: "Será que estamos nos lembrando de conectar a nossa *Declaração de propósito* ao nosso processo de discipulado?". Eles olharam uns para os outros e alguns colocaram a mão na cabeça, inconformados em terem se esquecido disso.

Depois da lembrança, o diálogo ficou mais produtivo e eles conseguiram fazer uma primeira versão. João estava tão empolgado que já pensava em comunicar a igreja na mesma noite. O pr. Antônio, no entanto, ponderou sabiamente, dizendo: "Essa é nossa primeira versão. Vamos refletir sobre ela, orar bastante sobre isso, e em nosso próximo encontro fecharemos essa definição. Nem vamos colocar um prazo de quando anunciaremos isso à igreja". Ele fez questão de lembrar que não era para ninguém contar nada a quem não fazia parte do grupo de trabalho, pois ainda teriam que definir como e quando comunicariam à igreja.

A IGREJA QUE FAZ *discípulos*

TAREFA DO GRUPO DE TRABALHO

Reflitam sobre as perguntas a seguir e registrem os principais pensamentos e definições:

1. Qual conceito usar: *missão* e *visão*, *declaração de propósito* ou outro?
2. Qual frase expressa melhor o propósito da igreja?
3. Essa frase está conectada ao processo de discipulado?
4. Essa frase é fácil de ser compreendida?

Orem, pedindo a orientação do Espírito Santo sobre essas definições, para que ele dê clareza sobre todas as coisas.

Capítulo 10 ALINHANDO A IGREJA

Chegamos ao último capítulo deste livro e queremos sugerir alguns dos possíveis primeiros passos importantes para começar a alinhar a igreja no propósito e no processo de discipulado definido. Espero que vocês já tenham começado a vivenciar essa experiência. Tudo o que foi construído até aqui desemboca nesse ponto de início do alinhamento da igreja.

O que é alinhamento? É ter as pessoas trabalhando para o mesmo foco na igreja. É não existir feudos ou linhas completamente diferentes de trabalho e foco. Todos andando juntos, na mesma direção, buscando o que é essencial: o propósito e o processo de discipulado. Obviamente, nunca teremos todas as pessoas, líderes, atividades e conteúdos cem por cento alinhados, mas buscar o alinhamento é um alvo e um ideal a ser tentado por toda a vida.

Alinhamento, portanto, tem a ver com unidade. A unidade é algo que Jesus sempre buscou e trabalhou com seus discípulos. Na oração de Jesus, conforme a lemos em João 17.20-26, o nosso Mestre roga ao Pai que nos dê unidade. E todos sabemos o mal que a falta de unidade promove no meio da igreja.[1]

---

[1] Sugiro consultar o capítulo 7 do livro **Igreja simples**, que trata do desafio do alinhamento na igreja ao implementar um processo de discipulado.

A IGREJA QUE FAZ *discípulos*

Buscar a unidade e o alinhamento não é tarefa fácil. Envolve esforço intencional e diretivo. Provavelmente, o início será mais difícil. Mas, depois de lançadas as bases, o processo de alinhamento se torna um pouco mais fácil. É por isso que não se pode deixar de dar os passos sugeridos inicialmente na Parte I do livro. Construir um alinhamento do que é ser discípulo e como funciona o processo de crescimento na fé ajuda todo o restante do processo a ser ajustado ao foco definido por vocês. Se assim fizerem, estarão seguindo os passos de Jesus que, depois de ter trabalhado a base com seus discípulos, os convocou para ir e fazer outros discípulos.

Vamos trabalhar o alinhamento em duas partes: *Conteúdo de discipulado* e *Ministérios e atividades*. A ideia é ajustar o alinhamento entre o que a igreja ensina e como ensina por meio das suas iniciativas.

CONTEÚDO DE DISCIPULADO

Com base no que o grupo de trabalho desenvolveu na implementação em sua igreja, da Parte II do livro, e no capítulo anterior (*Declaração de propósito*), vocês poderão refinar os passos de movimento dos discípulos. O movimento tem a ver com os passos de fé que estimulamos as pessoas a darem. Eu gostaria de dividir isso em dois grandes blocos, aos quais chamo de "trilha básica" e "trilha aberta".

Trilha básica

A trilha básica é a trilha da fase inicial que foi construída na Parte II do livro. É a trilha que a igreja estimula as pessoas a seguirem desde o início da caminhada de fé até se tornarem membros maduros. Essa trilha, como foi dito, pode durar de dois a três anos, em média. Essa trilha sempre existirá com as melhorias normais ao longo do tempo. Vocês sempre terão pessoas novas entrando na igreja e começando trilhar a caminhada de discipulado. Além disso, terão que trabalhar com todos os membros da igreja para os colocarem na visão/ propósito definidos.

A trilha básica será a face mais conhecida por todos, e demorará alguns anos, dependendo do ritmo de implantação e do tamanho da igreja, até que todos passem por ela. Essa fase será intensa e de profunda transformação na igreja, pois todos serão trabalhados com um mesmo direcionamento de transformação na vida.

Depois que as pessoas passarem pela trilha básica, qual será o caminho? Param de crescer? Não. Precisam continuar a ser estimuladas a crescer em seu processo de seguimento de Jesus. Para isso, trabalharemos os próximos passos na chamada "trilha aberta" a seguir.

Trilha aberta

A trilha aberta é a cartela de opções que a igreja oferece às pessoas para que continuem o processo de crescimento na fé. Depois que a pessoa concluiu a trilha básica inicial, ela tem um conjunto de opções de temas nos quais pode continuar a crescer. Define-se o que é essencialmente importante para as pessoas crescerem e se desenvolverem e, a partir daí, a igreja oferece e incentiva a comunidade de discípulos a caminharem nessa direção.

Um detalhe importante é que tudo isso precisa continuar na perspectiva de discipulado, ou seja, não criar "cursos" simplesmente, em que se tem professores transmitindo conhecimento.

A IGREJA QUE FAZ *discípulos*

O processo deve ser relacional e de transformação de vida. O DNA do discipulado não pode morrer, pois, se assim for, as pessoas regredirão a um estágio de consumismo e dependência espiritual. A trilha aberta precisa ser a continuidade do processo de discipulado e promover o crescimento constante, a fim de levar as pessoas a se parecerem cada vez mais com seu Mestre e a agirem como ele.

Diferentemente da trilha básica, que é predefinida e processual, a trilha aberta é mais flexível, ajustável e orgânica. Isso se dá porque as pessoas têm trajetórias de crescimento na fé diferentes uma das outras e ao longo da vida. Assim, alguns pontos em sua vida precisam ser trabalhados distintamente de outras pessoas. Há assuntos em comum que toda a pessoa terá a necessidade de trabalhar; por exemplo, relacionamentos interpessoais, serviço e influência na sociedade. Entretanto, alguns temas são mais urgentes para uns do que para outros. Um pode precisar tratar o casamento mais urgentemente do que outro; ou um pode precisar tratar mais urgentemente a questão de como estudar a Bíblia do que outro.

Veja alguns exemplos de temas que a Igreja pode trabalhar na trilha aberta ao longo dos anos:

- Vocação e dons
- Como estudar a Bíblia sozinho
- Casamento
- Criação de filhos
- Finanças
- Lidando com vícios
- Aprendendo a estudar e praticar as verdades do Novo Testamento

ALINHANDO A IGREJA

- Aprendendo a estudar e praticar as verdades do Antigo Testamento
- Como testemunhar a fé
- Como influenciar em minha área de atuação
- Como liderar um grupo de discipulado
- Compreendendo melhor a minha fé

A pessoa pode pedir ajuda para definir quais são os temas prioritários a serem trabalhados na vida e, ao longo do tempo, pode aprender a decidir sozinha qual será o próximo passo que precisará dar. A igreja pode oferecer poucas opções trimestrais ou semestrais e, ao longo do tempo, passar a oferecer mais opções. Com o tempo, a igreja terá mais pessoas preparadas para oferecer temas e dar a oportunidade para mais opções na trilha aberta.

A estratégia para trilha aberta mais indicada é a de grupo, pois é mais fácil de ser multiplicada. Os grupos de discipulado podem ser temporários, por temas ou podem seguir juntos por algum tempo. Por exemplo:

- **Grupos temáticos temporários**: a igreja oferece dez grupos temáticos todo trimestre. A cada novo ciclo trimestral, esses temas são oferecidos e novos grupos se formam para trabalhar aquele tema apenas.
- **Grupos de médio prazo**: a igreja incentiva todo grupo de discipulado a caminhar junto por um ano e nesse tempo passam por três ou quatro temas juntos.

Os materiais para cada tema também podem ser de editoras ou de organizações com experiência no assunto. A UDF (Universidade da Família), por exemplo, tem excelentes

A IGREJA QUE FAZ *discípulos*

recursos relativos à família, como criação de filhos, finanças, casamento etc. A envisionar também tem excelentes recursos relativos a vida, liderança e discipulado, tanto *on-line* quanto impressos.

A igreja também pode definir quais serão os temas prioritários que desejará trabalhar com a comunidade, tendo como base uma estratégia para aquele semestre ou ano, e incentivar as pessoas a trabalharem em alguns temas específicos. Esses temas podem ser oferecidos numa linguagem mais neutra, de modo que alcance os que ainda não se tornaram discípulos. Assim, elas poderão vivenciar valores do Reino e, pelo relacionamento com os "discipuladores", ir se aproximando da fé.

A igreja não precisa, necessariamente, construir isso de imediato, pois o primeiro desafio é a trilha inicial, que demandará um tempo significativo de implantação e execução. À medida que as pessoas se aproximarem do fim da trilha básica, a igreja precisará preparar a trilha aberta para oferecer como continuidade.

A partir de agora, vamos tratar do próximo tópico do alinhamento: os diversos ministérios e atividades da igreja.

MINISTÉRIOS E ATIVIDADES

Quando observamos as diversas programações da igreja de maneira geral, percebemos que muitas coisas que são feitas, não contribuem para que as pessoas se tornem mais parecidas com Jesus. São coisas boas, que são feitas com boas intenções, mas muitas vezes são apenas a repetição de uma atividade histórica que se tem dúvidas sobre a razão de ser feita ou o que se pretende alcançar com ela.

ALINHANDO A IGREJA

A pergunta mais importante que sempre precisa ser feita é: Essa atividade contribui para o crescimento da fé das pessoas? Se a atividade realmente passar por essa pergunta teste, pode ser que faça sentido continuar. Se não passar, ela precisa ser revista ou abandonada. Entretanto, é preciso ter coragem de responder à pergunta com honestidade.

A partir de agora, tratarei de alguns ministérios ou atividades específicas.

Grupos etários

Os ministérios dos grupos etários (crianças, adolescentes, jovens, casais, homens, mulheres etc.) também devem estar alinhados com o propósito definido pela igreja. O caminho básico de crescimento da fé faz sentido para todas as pessoas, não importa a sua idade. Todos precisam aprender e viver o que é ser discípulo de Jesus, no caminho compreendido e definido pela igreja.

Dessa forma, então, o processo de discipulado e o propósito da igreja devem estar alinhados totalmente em todos os grupos etários. Se, por exemplo, o propósito de uma igreja é "Ser discípulos, amar as pessoas e influenciar o mundo", esse propósito precisa fazer sentido para as crianças, para os adolescentes, para os jovens e para os adultos. As crianças também precisam aprender a ser discípulas, amar as pessoas e influenciar o mundo. Isso valerá para todas as idades.

O que muda, então, para cada ministério etário? Podem mudar as estratégias, metodologias, estratégias, linguagens, materiais, formatos, o tempo de desenvolvimento etc.

Materiais: um material de discipulado de adultos, por exemplo, provavelmente não servirá para adolescentes.

A IGREJA QUE FAZ *discípulos*

Provavelmente, o material para um adolescente não servirá para uma criança. Em relação a materiais, é mais fácil simplificar dizendo que, de maneira geral, vocês deverão ter materiais diferentes para as crianças até os adolescentes. Dos jovens em diante, o material poderá ser o mesmo.

Estratégias: as diversas estratégias de discipulado (discipulado individual, de grupo ou minigrupo) podem ser oferecidas para jovens até a quarta-idade. Para as crianças, pré-adolescentes e adolescentes, no entanto, o ideal é utilizar a estratégia do discipulado em grupo. Isso é importante porque, se o discipulado for feito de maneira pessoal, o discipulador poderá dar a impressão de estar concorrendo com a autoridade e a responsabilidade discipular dos pais. Além disso, a estratégia do discipulado em grupo é mais indicada para garantir a segurança desse grupo.

Escola Bíblica Dominical

A Escola Bíblica Dominical foi uma excelente ferramenta criada no século XVII, para levar as pessoas a aprenderem a ler e a escrever, num contexto em que só tinham disponível o domingo pela manhã. Entretanto, diante da definição de propósito construída pela sua igreja, essa alternativa de estudo bíblico atual contribui para a eficácia dessa visão?

Se estamos falando de alinhamento, não dá para nenhuma estratégia, ferramenta ou metodologia ficar desalinhada do propósito definido. Como, então, encaixar a EBD em um processo de discipulado, seja qual for? Vou citar algumas alternativas desenvolvidas por igrejas, que podem ajudar você e seu grupo de trabalho a construírem a melhor alternativa para a sua realidade. Lembre-se: não copiem um modelo. Façam sempre uma reflexão e construção/adaptação para o seu contexto.

Alternativa 1: Transformar a EBD numa Escola de Líderes

Nessa alternativa a igreja transforma a EBD em um ambiente para as pessoas que já passaram pela trilha básica e querem se tornar líderes ou discipuladores. O espaço da EBD se torna uma escola de líderes para desenvolver pessoas, com a intenção de se tornarem líderes discipuladores, sendo preparados biblicamente e nos diversos temas necessários.

Alternativa 2: Transformar a EBD em uma escola que oferece temas que estão no processo de discipulado

A igreja pode focar no processo de discipulado desenvolvido e perceber quais são as necessidades de desenvolvimento espiritual dentro da trilha. A EBD, então, seria o local onde as pessoas que já passaram pela trilha básica de discipulado deveriam buscar o crescimento na fé. Entretanto, esse espaço da EBD deveria ter os elementos de funcionamento do discipulado para não se tornar meramente transmissão de conhecimento. A EBD, assim, se tornará mais um espaço disponibilizado pela igreja para os temas da trilha aberta, mas não o único local onde isso poderá acontecer.

Alternativa 3: Não ter EBD no formato tradicional

Nessa alternativa, a igreja decide não usar a estratégia da EBD tradicional. Assim, vocês entenderão que o ensino bíblico será oferecido dentro do processo de discipulado. O foco do grupo é o discipulado, e no discipulado, a Palavra de Deus é a referência. Mesmo que alguém entenda que no grupo de discipulado o ensino bíblico não será tão profundo como numa aula, o objetivo será a aplicação das verdades aprendidas na vida. Assim, sem EBD, o processo de discipulado acontecerá de forma intencional nos temas que serão oferecidos ao longo da trilha.

A igreja poderá escolher um dos caminhos alternativos e, com o tempo, tomar outro caminho para lidar melhor com as possíveis resistências internas.

Pregação

O que se prega precisa estar alinhado com o propósito da igreja. Se o que se diz no púlpito não dialoga com o que se pretende ser e fazer como igreja, o propósito é uma mera frase definida e engavetada. O propósito se faz real quando também é visto nas mensagens pelos diversos pregadores.

Para ajudar nesse sentido, muitas igrejas descobriram uma alternativa, que é a série de mensagens. Com ela, decide-se trabalhar num bloco de, por exemplo, dois ou três meses, uma sequência de mensagens dentro de um tema maior. Isso faz muito sentido, porque pesquisas têm demonstrado que as pessoas não conseguem aprender um conteúdo em poucos minutos e aplicá-lo instantaneamente. Por outro lado, quando se passa muito tempo trabalhando um mesmo tema, as pessoas tendem a desanimar. Não existe um tempo certo ou definitivo para isso. A igreja poderá testar o tempo médio em que as pessoas continuam atentas e interessadas e ir ajustando ao longo do tempo.

As séries de mensagens podem espelhar o propósito da igreja ao longo do tempo, sem ter que repetir a mesma coisa sempre. Vejamos um exemplo: vamos supor que a igreja queira trabalhar o tema oração durante um tempo, por julgar que as pessoas têm dificuldade de orar.

Tema: Oração
Período da série: 3 meses
Propósito da igreja: Amar a Deus, amar as pessoas e influenciar a sociedade.

Como ela pode integrar o assunto oração com seu propósito? Veja um exemplo a seguir:

Dessa maneira, as pessoas entenderão melhor por que o propósito da igreja existe e como ele tem a ver com sua vida e o crescimento na fé.

A IGREJA QUE FAZ *discípulos*

Com isso, não quero dizer que não há espaço para mensagens diante de circunstâncias excepcionais, onde há um direcionamento do Espírito Santo para tratar de um tema, ou diante de uma situação do mundo que exige reflexão profética/pastoral. Se isso acontecer, por exemplo, uma grande tragédia na comunidade, será preciso parar tudo e tratar desse novo tema. Mas o Espírito Santo não poderá ser desculpa para não haver o mínimo planejamento de temas a serem tratados com todos. O Espírito Santo também pode operar no processo de planejamento. Além disso, as séries não precisam estar presentes nos doze meses do ano. A equipe dos pregadores poderá limitar as séries a um período do ano e em alguns momentos o tema ficar livre.

O objetivo maior será alinhar o que se pretende como igreja (propósito) ao que se prega. O púlpito é uma peça-chave na comunicação do propósito da igreja.

Eventos e atividades especiais

A maioria das igrejas desenvolveu ao longo tempo diferentes eventos especiais, dos mais variados tipos, como uma tentativa de dar respostas aos anseios das pessoas. Isso gerou um cenário de igrejas extremamente ativistas e com atividades que não tinham objetivos claros ou, se os tinham, não eram minimamente mensuráveis.

O ideal, nesses casos, é a igreja diminuir os eventos especiais para que reste tempo a ser investido no processo de discipulado. Os eventos especiais consomem um tempo muito grande e acabam distraindo as pessoas do que é mais importante.[2]

---

[2] Sobre esse tema, consultar o capítulo 8 do livro **Igreja simples**, que fornece indicações preciosas sobre o que fazer com os eventos especiais.

Em vez de tratar assuntos importantes em eventos, a igreja poderá desenvolver esses assuntos através do seu processo de discipulado. Veja um exemplo: vamos supor que a igreja perceba que precisa trabalhar o tema do casamento. A liderança entende que muitos casais estão com dificuldades e precisam ajudá-los nessa direção. Qual, normalmente, é uma das soluções? Criar um congresso da família! Mas dificilmente as pessoas sairão com seus casamentos restaurados após uma imersão no tema. O que poderá ajudá-las de maneira eficaz será um acompanhamento discipular, trabalhando ponto a ponto as questões principais que enfrentam. Então, o que fazer para tratar esse tema?

A igreja poderá seguir outro caminho: já que está focada no seu processo discipular, ela poderá tratar o tema através das estratégias que já escolheu. Ela poderá, nesse caso, abrir alguns grupos de discipulado na trilha aberta para que as pessoas trabalhem o assunto. Assim, em vez de tentar resolver o problema de casamento num evento de final de semana, ela usará os grupos de discipulado que funcionarão por três, quatro ou seis meses para tratar a questão em profundidade.

Esse mesmo princípio poderá valer para diversos outros assuntos, como oração, missões etc. O que deverá ser avaliado constantemente é: diante dessa dificuldade ou tema a serem trabalhado, qual é a melhor maneira de ajudar as pessoas a serem transformadas?

Capacitação de líderes

O alinhamento da igreja num propósito só é atingido se há capacitação efetiva de líderes. Não basta o pastor da igreja dizer: "Vamos para lá! Deus me revelou", se a liderança, que

A IGREJA QUE FAZ *discípulos*

é quem o apoia e executa a visão, não entender, abraçar e se envolver com essa visão/propósito.

Por isso, é preciso que os líderes sejam capacitados num processo estruturado e constante. O início de todo o processo de capacitação de líderes é a própria trilha de discipulado. Só é líder quem é discípulo. Depois da trilha inicial, é preciso propor um caminho de desenvolvimento de líderes de forma constante. Isso poderá ser feito de forma *on-line*, presencial ou híbrida.[3]

---

[3] Para ajudar nesse processo, indico o livro **Como capacitar líderes na igreja**, de Josué Campanhã, e o portal de conteúdo de capacitação de liderança da *Envisionar*: cursos.envisionar.com.

História DA IGREJA VIDA NOVA

No dia do encontro para falar sobre o alinhamento, João tinha sugerido uma reunião mais longa, de duas horas e meia. Ele pretendia resolver todas as questões nessa reunião e já trouxe algumas sugestões de caminhos possíveis, pensando que a reunião seria bem objetiva. Ele julgava que algumas pessoas seriam mais resistentes e outras concordariam com ele em tudo. Mas o João foi totalmente surpreendido. Ao final do primeiro encontro, o que ele percebeu é que aquele seria apenas o primeiro encontro de alinhamento.

Como todos haviam lido o capítulo que falava sobre alinhamento, decidiram iniciar falando sobre o assunto que parecia menos polêmico: o foco das mensagens pregadas e como criar séries para ajudar a transmitir a *Declaração de propósito* construída. Na verdade, todos queriam falar sobre isso, menos pr. Antônio, que era quem mais pregava e sentia desconfortável em falar sobre as mensagens com outras pessoas. Ele definia sozinho o que iria pregar e nunca dialogava sobre isso com ninguém, a não ser com sua esposa. Mas pr. Antônio decidiu dar um voto de confiança ao grupo e se manteve humilde, apenas ouvindo. O grupo sugeriu que fosse feita uma série de mensagens para ajudar a igreja a entender a *Declaração de propósito*, o porquê ela foi elaborada, a importância de cada detalhe e como cada pessoa poderia se envolver.

Em outra reunião, o grupo decidiu trabalhar na agenda de atividades da igreja e relacionou tudo o que acontecia ali durante o ano. Para a surpresa de todos, a quantidade de atividades e programações especiais superava o número que imaginavam.

Quando Alice viu a lista e começou a se lembrar do seu envolvimento em tudo aquilo, disse com cara de cansaço: "Agora sei porque tenho tanta dificuldade *pra* colocar o discipulado na minha agenda semanal!".

Como a quantidade de atividades era grande e muitos líderes não faziam parte do grupo de trabalho, perceberam que não poderiam apenas cortar as atividades sozinhos e só informar os líderes. Eles decidiram fazer a primeira sugestão de cortes de atividades e, antes de fazer qualquer mudança, encontrariam os líderes e conversariam sobre alinhamento com eles. O pastor ficou responsável por estudar um pouco mais sobre o que é alinhamento e preparar um pequeno estudo falando sobre a importância de todos os líderes e ministérios estarem alinhados. Nesse dia, apresentariam as principais ideias e convidariam os líderes a pensar em como ajustar as atividades para o macroprocesso de discipulado da igreja.

O grupo decidiu trabalhar um dia específico sobre a questão da EBD. Nesse dia, a Alice, que era líder da EBD, estava ansiosa sobre qual caminho tomariam. Quando tinham começado o processo, ela tinha uma visão sobre a EBD. Mas, agora, ela tinha mais perguntas do que respostas. Depois de conversarem sobre as alternativas, perceberam que o formato, método e conteúdo da EBD precisaria mudar de alguma forma; só tinham dúvidas sobre qual mudança seria essa.

Depois de vários encontros e muitas respostas (ainda que provisórias) construídas, o grupo chegou a uma conclusão: o processo de alinhamento talvez demoraria alguns anos, não meses, como alguns haviam imaginado. Entretanto, a cada novo alinhamento, nova definição, as coisas ficavam mais claras e o discipulado na igreja começava se tornar realmente o foco da igreja.

TAREFA DO GRUPO DE TRABALHO

Reflitam sobre as questões a seguir e registrem os principais pensamentos e definições:

1. Quais serão os primeiros passos que daremos para iniciar um alinhamento da igreja?
2. Como despertaremos os líderes sobre a necessidade de alinhamento?
3. Como trabalharemos as mensagens para alcançar nossa *Declaração de propósito*?
4. Como podemos apoiar e mentorear a liderança da nova geração (de crianças a adolescentes) a adaptar o processo de discipulado?
5. Quais atividades e programações especiais já retiraremos para liberar mais tempo na agenda das pessoas e poderem se focar no discipulado?
6. Qual grupo específico de trabalho formaremos para trabalhar a questão da trilha aberta e a relação disso com a EBD?

Orem juntos pedindo a orientação do Espírito Santo sobre essas definições, para que ele dê clareza sobre tudo isso.

CONSIDERAÇÕES FINAIS

Como bem disse Randy Pope, criar uma cultura de discipulado na igreja não é uma corrida de 100 metros rasos. É mais parecido com uma grande maratona.[1] Começa-se devagar, trabalhando para levar poucas pessoas a vivenciarem o que é ser discípulo na prática. Depois de um tempo, elas começam a se multiplicar e, depois de mais algum tempo, tudo acelera e temos muitas pessoas sendo alcançadas. Quem normalmente tenta ir muito rápido no começo tem grandes decepções no futuro.

Nosso referencial é simplesmente o Senhor de nossa vida: Jesus. Ele escolheu doze discípulos mais próximos e com eles ficou cerca de três anos e meio. Esse grupo-chave fez uma revolução no mundo. Tenha paciência para implementar um processo de discipulado, colocando bem os fundamentos. Quando a transformação das pessoas é real, nada as impede de influenciar outras pessoas. Só será necessário criar as condições adequadas para discipular outros, como treinamento, acompanhamento e incentivo.

Se você chegou até o final deste livro lendo sozinho, meu desafio para você é: convoque agora um grupo de pessoas e inicie do zero o processo com eles! Não deixe para tentar

---

[1] POPE, Randy. **O discipulado na igreja local**. Viçosa: Ultimato, 2017. p. 23.

A IGREJA QUE FAZ *discípulos*

implementar tudo isso sozinho. Faça as tarefas propostas, leia os outros livros sugeridos e comece a trabalhar nessa direção. Chegou a hora de você implementar o processo de discipulado que tanto sonhou para a sua igreja.

Se você achou que talvez sejam muitos passos a serem dados e o processo é muito complexo, a minha sugestão é: comece e dê um passo de cada vez convocando um grupo de trabalho, lendo o primeiro capítulo, fazendo as tarefas, e assim tudo ficará claro ao longo do caminho.

E o que acontecerá se fizer tudo o que foi proposto? Não posso garantir sucesso, mas, pela minha experiência com diversas igrejas, você terá grandes chances de fazer uma revolução na sua igreja. E não digo isso porque você vai implementar uma metodologia ou uma grande ideia, mas porque está simplesmente obedecendo ao chamado de Jesus: indo pelo caminho, façam discípulos!

REFERÊNCIAS BIBLIOGRÁFICAS

BRIDGES, Jerry. **Crescimento espiritual**. São Paulo: Vida Nova, 2019.

CAMPANHÃ, Josué. **Como capacitar líderes na igreja**. Indaiatuba: Envisionar, 2016.

CAMPANHÃ, Josué. **Discipulado que transforma**. São Paulo: Hagnos, 2012.

CAMPANHÃ, Josué. **Planejamento estratégico para igrejas**. São Paulo: Hagnos, 2013.

COLEMAN, Robert. **Plano mestre de evangelismo**. São Paulo: Mundo Cristão, 2017.

DONAHUE, Bill. **Edificando uma igreja de grupos pequenos**. São Paulo: Vida, 2003.

FARIA, Thiago Bernardo Fernandes. **As parábolas de Jesus como um momento de experiência e decisão para os seus interlocutores**. Dissertação de mestrado em Teologia. FTBP. Curitiba, 2015.

HORREL, J. Scott. **A essência da igreja**: fundamentos do Novo Testamento para a igreja contemporânea. São Paulo: Hagnos, 2006.

MANNING, Brennan. **Evangelho maltrapilho**. São Paulo: Mundo Cristão, 2005.

MARSHAL, Colin. **A treliça e a videira**: a mentalidade do discipulado que muda tudo. São Paulo: Fiel, 2016.

ORTIZ, Juan Carlos. **O discípulo**. Belo Horizonte: Betânia, 2007.

PHILLIPS, Keith. **A formação de um discípulo**. 2. ed. São Paulo: Editora Vida, 2008.

POPE, Randy. **O discipulado na igreja local**. Viçosa: Ultimato, 2017.

RAINER, Thom S**. Igreja Simples**. Brasília: Palavra, 2011.

SANTOS, Ivênio dos. **Santidade ao seu alcance**. Brasília: Palavra, 2007.

STOTT, John. **O discípulo radical**. Viçosa: Ultimato, 2011.

WRIGHT, Christopher. **A missão do povo de Deus**. São Paulo: Vida Nova, 2012.

ANEXO I
Como formar o grupo de trabalho

Para que este material seja bem trabalhado e gere frutos para a toda a sua comunidade, é ideal que você estude o livro com um grupo de trabalho. Você poderá chamá-lo de grupo de trabalho ou qualquer outro nome que queira.

Escolha pessoas que possam contribuir num processo construtivo, sejam abertas a aprender e a dialogar sobre mudanças, e que sejam chaves na liderança da igreja. Não precisam, necessariamente, ser pessoas que tenham *cargos* importantes na estrutura da igreja, mas que sejam influentes e relevantes na liderança.

O ideal é que sejam de seis a oito pessoas, ao menos no primeiro momento, para dar condições de as pessoas se abrirem e terem tempo de expor suas ideias. Um grupo muito grande dificulta a integração, o ritmo e o tempo de fala de cada um.

Faça o convite para essas pessoas, demonstrando a importância do que será trabalhado com elas. Assim, elas poderão entender a relevância do que será desenvolvido e se engajarão

A IGREJA QUE FAZ *discípulos*

de maneira mais imersiva. Explique a elas que essa será uma caminhada que farão juntos para construir um processo de discipulado para a igreja, e esse processo exigirá de todos mudanças no nível pessoal e da igreja.

Convide uma das pessoas do grupo para ser o coordenador do grupo. A função dessa pessoa será marcar as reuniões, convocar todos os integrantes, distribuir as tarefas, cobrar quando for necessário e garantir que o aprendizado do grupo fique registrado. É importante que essa pessoa não seja o próprio pastor, pois, quando o trabalho avançar e tiver uma série de tarefas, será preciso alguém para cuidar dos detalhes operacionais. O pastor será o grande incentivador do grupo e deverá participar de todos os encontros.

Antes de convidar as pessoas para fazerem parte do grupo, ore pedindo ao Espírito Santo que confirme essas pessoas em seu coração. O que pode ser feito com esse grupo tem um impacto espiritual inimaginável.

O motivo de se escolher um grupo menor de pessoas para iniciar o processo é seguir o modelo do próprio Jesus, que começou reduzindo o relacionamento a um número de pessoas que conseguisse vivenciar mais profundamente as verdades que queria ensinar e dar a eles responsabilidades especiais para compartilharem a própria vida com outros no futuro.

ANEXO II
PASSOS DE DISCIPULADO

Seguem alguns exemplos de possíveis passos de fé a serem dados de forma intencional numa trilha de discipulado estruturada. Lembre-se de que esses passos e descrições são apenas uma referência para fazer a ideia dos passos se tornar mais palpável. Você e sua equipe devem desenvolver isso a partir do caminho sugerido no capítulo 4.

Passos para trilha do membro	
Passo	**Descrição**
Ser discípulo de Jesus	Desenvolver e praticar o que é ser discípulo de Jesus, tocando em pontos como a morte do eu, submissão e obediência.
Vida devocional	Compreender e praticar as disciplinas espirituais essenciais do relacionamento com Deus, como: estudo e meditação na Palavra, oração e vida de adoração.
Vida de discípulo	Conhecer e experimentar as características de um discípulo que segue a Jesus no dia a dia da vida.
Reino de Deus	Conhecer o que é o Reino de Deus em sua amplitude, entendendo o papel pessoal e da igreja na transformação do mundo.
Bases da fé	Desenvolver e praticar aspectos basilares da fé cristã, como: salvação e graça, relacionamento com Deus.

A IGREJA QUE FAZ *discípulos*

Passos para trilha do membro	
Passo	**Descrição**
Serviço	Desenvolver e praticar uma vida de servo a partir dos seus dons e talentos.
Fazer discípulos	Aprender e praticar o processo de discipulado com outras pessoas.
Aprender a estudar a Bíblia	Aprender a estudar a Bíblia a ponto de ter autonomia no aprendizado sistemático da Palavra.
Testemunho da fé	Compreender os aspectos essenciais da fé para poder explicar razão da sua fé no testemunho cristão.
Relacionamentos	Viver a vida de discípulo de Jesus no contexto dos relacionamentos familiares.
Ser homem/mulher	Compreender a identidade transformada e seu impacto na vida e papel do homem e mulher.
Vida equilibrada	Compreender e praticar o que é ter uma vida equilibrada nos relacionamentos, finanças, trabalho e vida.

Exemplos de passos para trilha do novo na fé	
Passo	**Descrição**
Bases da fé	Compreender a salvação, compreender quem é Deus, batismo.
Primeiros passos nas disciplinas espirituais	Orar com confiança, aprender a meditar e a estudar a Bíblia.
Saber explicar sua nova fé	Compreender e explicar a sua fé.
DNA da igreja*	Conhecer o propósito/visão da igreja, valores, planos futuros e forma de ser igreja específica dessa comunidade.
Bases de fé da igreja*	Conhecer as bases da fé da igreja e sua visão sobre aspectos essenciais do credo cristão.
Ser membro de igreja*	Entender e se comprometer com o que significa ser membro desta igreja.

PASSOS DE DISCIPULADO

Exemplos de passos para trilha do novo na fé	
Passo	**Descrição**
Ser discípulo de Jesus*	Desenvolver e praticar o que é ser discípulo de Jesus, tocando em pontos como a morte do eu, submissão e obediência (abordagem de forma diferenciada do membro atual).

* É possível que os passos marcados sejam dados após o batismo. Nesse formato, a pessoa se batiza de forma mais rápida, após os três primeiros passos, por exemplo. Depois disso, ela daria os próximos passos do restante da trilha do novo na fé e, só então, se tornaria membro efetivo. Essa alternativa acelera o processo de batismo e, ao mesmo tempo, deixa os aspectos de membresia para aqueles que realmente estão engajados no processo de envolvimento com a comunidade.

Exemplos de passos para trilha de transferência	
Passo	**Descrição**
DNA da igreja	Conhecer o propósito/visão da igreja, valores, planos futuros e forma de ser igreja específica dessa comunidade (abordagem de forma diferenciada do novo na fé).
Bases de fé da igreja	Conhecer as bases da fé da igreja e sua visão sobre aspectos essenciais do credo cristão (abordagem de forma diferenciada do novo na fé).
Ser discípulo de Jesus	Desenvolver e praticar o que é ser discípulo de Jesus, tocando em pontos como a morte do eu, submissão e obediência (abordagem de forma diferenciada do membro atual e do novo na fé).

Exemplos de passos para trilha do líder	
Passo	**Descrição**
Liderança servidora	Entender a visão de liderança servidora baseada em Jesus e a diferença para uma liderança tradicional.
Vida e missão	Conhecer seus dons e sua missão de vida para desenvolver um plano de vida e ministério.
Testemunho da fé	Aprender a testemunhar da sua fé e a levar pessoas a terem uma oportunidade de seguir a Jesus.

A IGREJA QUE FAZ *discípulos*

Exemplos de passos para trilha do líder	
Passo	**Descrição**
Vida de influência	Como produzir frutos e exercer influência sobre outros.
Conhecer minha fé	Conhecer mais profundamente sua fé, os fundamentos bíblicos e teológicos.
Como estudar a Bíblia	Aprender a estudar a Palavra de maneira consistente para também ensinar outros a terem autonomia do processo de estudo.
Crescimento espiritual	Ter autonomia no seu processo de crescimento espiritual e ter uma vida de constante amadurecimento.
Vida emocionalmente saudável	Aprender a lidar com as diversas questões emocionais e espirituais da alma para ter uma vida saudável de forma sistêmica.
Liderando voluntários	Como liderar voluntários para impactar o Reino, alinhado com uma liderança servidora.

ANEXO III
TRILHAS DE DISCIPULADO

Seguem exemplos de trilha de discipulado de duas igrejas existentes. Esses exemplos foram colocados aqui apenas para deixar mais palpável a ideia de uma trilha de discipulado. Não copie e tente replicar para sua igreja. Você precisa seguir os passos de construção para alcançar o que faz mais sentido para sua realidade.

AD CIDADE (Fortaleza-CE)

A IGREJA QUE FAZ *discípulos*

Perimeter (EUA) – Ministério *Life on life Brasil*

Ano 1	Ano 2	Ano 3
Viver o Evangelho (6 semanas de cada ano)	Viver o Evangelho (6 semanas de cada ano)	Viver o Evangelho (6 semanas de cada ano)
Comprometimentos da graça: comprometimento com a igreja local	Comprometimentos da graça: comprometimento com uma maneira de viver generosa	Comprometimentos da graça: comprometimento com o Dia do Senhor e com os sacramentos
Conhecer a Deus: a supremacia de Deus	Conhecer a Deus: a triunidade de Deus	Conhecer a Deus: a bondade de Deus
Casamento saudável: compreendendo os papéis que Deus lhe deu	Casamento saudável: antes e depois de você dizer "sim"	Casamento saudável: aprendendo a resolver conflitos
Cosmovisão bíblica: nosso lugar no mundo de Deus	Cosmovisão bíblica: vivendo num mundo caído	Cosmovisão bíblica: a redenção de um mundo caído
Criação de filhos que honram a Deus: fazendo do seu lar tudo o que ele foi projetado para ser	Criação de filhos que honram a Deus: instruções para a criação de filhos	Criação de filhos que honram a Deus: envolvendo o coração do seu filho

Para entrar em contato com o autor e ter acesso a outros recursos de discipulado, acesse o site:

‹www.discipuladonaigreja.com.br›

Esta obra foi composta em *Minion Pro*
e impressa por Promove Artes Gráficas sobre papel
Chambril Avena 70 g/m^2 para Editora Vida.